Parti Républicain, Radical et Radical-Socialiste

21ᵐᵉ CONGRÈS NATIONAL

A BOULOGNE-SUR-MER

16-19 Octobre 1924

RAPPORT

sur

La Crise du Logement et les Habitations à Bon Marché

par

M. EUGÈNE MICHELIS

Vice-Président du Comité Exécutif

Président de la Fédération de l'Arrondissement de Marseille

RAPPORT

sur

La Crise du Logement et les Habitations à Bon Marché

par

M. Eugène MICHELIS

Vice-Président de la Fédération Nationale des Offices Publics d'Habitations à Bon Marché
Secrétaire général de l'Office Public de la ville de Marseille
Président de la Société de Crédit Immobilier des Bouches-du-Rhône

La crise du logement a des origines lointaines.

Pour une grande part, elle résulte de la tendance des populations à se grouper dans les villes. Certains y ont vu un phénomène des temps modernes, mais, dans l'antiquité, les grandes agglomérations avaient déjà exercé leur attraction sur les populations rurales. Le phénomène est non seulement de tous les temps, mais il est aussi de tous les pays. Le tableau ci-après nous le montre à l'évidence :

Sur 1.000 habitants au total, combien vivaient dans des villes de plus de 100.000 habitants :

ÉTATS	en 1800	en 1860	en 1880	en 1910
Grande Bretagne	70	192	262	355
France	27	44	100	145
Belgique	»	75	153	195
Pays-Bas	70	73	161	233
Allemagne	10	28	70	212
Autriche-Hongrie	9	23	80	85
Suisse	»	»	»	119
Espagne	21	48	70	82
Portugal	33	58	82	106
Italie	55	63	84	117
États Balkaniques	»	»	52	90
Russie	16	20	36	60
Danemark	100	102	133	164
Suède	»	»	43	93
Norvège	»	»	»	100

Mais la crise actuelle touche plus particulièrement le logement populaire. Cette forme de placement n'est pas très recherchée à cause non seulement de l'instabilité des locataires, des difficultés fréquentes du paiement des loyers, mais aussi de l'entretien fort onéreux occasionné aux immeubles. C'est pourquoi l'effort de construction s'est porté principalement sur l'immeuble riche, au grand détriment des travailleurs.

Là ne sont pas seulement les raisons de la crise qui vient d'atteindre une acuité extrême. Certains, ne considérant que les exigences de la propriété, l'ont attribuée à la rapacité des propriétaires et n'ont considéré que la crise de prix. C'est un petit côté de la question, car si le logement existait en abondance, la spéculation qui s'exerce sur lui serait impossible ; la crise est surtout une crise de quantité. Les motifs en sont nombreux. Non seulement, ainsi que nous venons de le voir et par un phénomène de tous les temps, l'accroissement rapide des villes y a maintenu à l'état latent un manque de logements, mais des circonstances nouvelles résultant de la Guerre en ont terriblement accru les effets. Pendant de nombreuses années, la construction de maisons a été totalement interrompue et pendant ce temps, non seulement les immeubles, suivant la grande loi commune, disparaissaient par vétusté, mais encore le défaut total d'entretien précipitait la ruine d'un grand nombre. La Guerre a été aussi l'occasion d'un grand déplacement de population et certaines régions ont eu à subir de véritables afflux.

Enfin, deux autres causes de la crise du logement sont à mentionner. L'une, c'est l'accroissement général du bien-être, le désir de mieux vivre qu'ont les travailleurs et tels qui se contentaient jadis, eux et les leurs, d'un minuscule appartement, désirent, non pas le luxe, mais le logement hygiénique et confortable qui est dû à tous ceux qui produisent. L'autre, ce sont les lois d'exception que le législateur a dû d'urgence improviser pour courir au plus pressé, qui ne résolvent rien, nous le verrons plus loin, mais qui permettent à certains peu scrupuleux, aussi bien parmi les propriétaires que parmi les locataires, de spéculer à l'abri des lois ou de se maintenir dans des logis qui ne correspondent plus du tout à leurs besoins actuels.

On a dit qu'on ne comprenait pas comment, en France, il pouvait y avoir une crise du logement avec l'effroyable hécatombe dont nous avons été affligés. Il est vrai que la Guerre a diminué la population française : plus de 1.500.000 morts, 1.840.000 décès en excès sur les naissances, c'est donc près de 3.400.000 habitants de moins que l'ancien territoire français possède maintenant. Il devrait donc y avoir des logis disponibles si l'on considère le nombre d'habitants, mais ce n'est pas seulement d'après le nombre d'habitants qu'il faut envisager les choses, c'est d'après le nombre des foyers, et celui-ci n'a pas sensiblement diminué.

Toutes les régions du territoire sont touchées par la crise. Mais, pour citer des chiffres, il me sera permis de parler de ma ville, où j'ai pu faire des constatations. A Marseille, comme presque partout, nous n'avons pas de statistique officielle précise. Je dois à l'obligeance d'un de mes collègues au Conseil d'administration de l'Office public d'habitations à bon marché de la ville de Marseille, M. P. Rousset, Vice-Président de la Société Immobilière Marseillaise, quelques chiffres qu'il me permettra, j'en suis sûr, de faire connaître.

La Société Immobilière Marseillaise possède environ 8.000 locaux : appartements, magasins, entrepôts, mais sur ce nombre, il n'y en a que 6.867 qui soient à usage d'habitation.

Voici quel a été, à diverses époques, et sur ce nombre d'appartements, le chiffre des locaux vacants :

En 1910, 554 locaux, soit............. 8,1 %
 » 1911, 354 » » .... 5,1 %
 » 1912, 355 » » .... 5,1 %
 » 1913, 396 » » .... 5,8 %
 » 1914, 551 » » .... 8, %
 » 1915, 499 » » .... 7,3 %
 » 1916, 250 » » .... 3,6 %
 » 1917, 143 » » .... 2, %
 » 1918, 56 » » .... 0,8 %
 » 1919, 31 » » .... 0,4 %
 » 1920, 7 » » .... 0,1 %
 » 1921
 » 1922 } Néant.
 » 1923

En 1920, il a été présenté à la Société 5.157 demandes de location qui n'ont pu être satisfaites. En 1921 et en 1922, le nombre de ces demandes a été, chaque année, d'environ 7.000.

Sur ces deux années, c'est-à-dire sur les 14.000 demandes, il a pu être donné satisfaction à environ 150 demandes, grâce à la construction, par la Société, de quelques petits appartements et à des déménagements.

D'autres organismes s'occupent, à Marseille, du logement. Un Office Municipal du Logement recueille les déclarations d'appartements vacants et les demandes de location. De celles-ci, il est assailli, mais les premières brillent par leur absence.

Un autre service municipal, le Service de la Rénovation, reçoit lui aussi des demandes de logements. En effet, la Ville de Marseille se trouve propriétaire, par voie d'expropriation, d'un grand îlot de maisons à démolir, situé en plein centre de Marseille, dans le quartier de la Bourse, ainsi que de baraquements en planches dans divers autres quartiers, baraquements qu'elle a dû édifier en hâte pour abriter des sans-logis jetés à la rue. En 1922, ce service a reçu 2.753 demandes de logements ; il a pu en être satisfait 230. En 1923 et pour le premier semestre, il a été reçu 1.300 demandes de logements. On n'a pu donner satisfaction qu'à 52 demandes.

Dans le quartier nauséabond et en cours de démolition de derrière la Bourse, la Ville possède encore 326 maisons abritant 2.156 locataires, représentant environ 8.500 habitants (chiffre impossible à connaître exactement à cause de la mobilité de cette population). Dans les camps en baraquements de planches, il y a 100 familles à Montfuron, 90 à Saint-Charles, 80 au camp Fournier, soit environ 270 ménages (environ 1.000 habitants). Et comme cela ne suffit pas, que la crise et l'entassement s'augmentent tous les jours, on a commencé à aménager les anciennes baraques du ravitaillement et on y installe des habitants.

Ce qui arrive dans notre ville, c'est ce qui se produit dans tous les grands centres. Partout, le travailleur est dans l'inquiétude pour son logis, partout les familles nouvelles ne peuvent pas se constituer, partout la population est entassée dans des taudis infects, au plus grand préjudice de la race, à son préjudice moral aussi bien que matériel.

LES LOIS SUR LES LOYERS

Devant cette situation, le législateur est intervenu ; il l'a fait avec sa confiance obstinée dans la puissance de la loi. Il a légiféré pour éviter la spéculation sur les loyers, et nous savons que cette spéculation existe plus âpre que jamais. D'ouverte, et par conséquent susceptible d'un certain contrôle, elle est devenue cachée. Le pas de porte est la première condition d'une location ; les ventes d'installations ou de mobilier triplent parfois le prix du loyer, et la loi, malgré les précautions qu'elle a prises, est désarmée. Elle a voulu protéger le locataire en le maintenant dans les locaux qu'il occupe, et de nombreux locataires à l'abri de la loi se sont immédiatement employés à spéculer à leur tour sur d'autres locataires plus malheureux qu'eux.

En fait, malgré une douzaine de lois, le problème reste intact, la crise n'a pas diminué, bien au contraire. Ces lois d'exception ont même eu une conséquence fâcheuse, c'est de diminuer la confiance dans la protection légale en faveur de la propriété.

Sans doute, l'ancienne conception romaine du droit de propriété, le droit absolu de disposer de la chose, d'en user et d'en mésuser, n'est plus défendable de nos jours, mais, même dans l'organisation sociale actuelle, la propriété doit rester avec une certaine protection. Cette sorte de dépossession du droit du propriétaire, sanctionnée par l'impunité des abus de certains locataires, a eu pour conséquence d'éloigner du placement immobilier de nombreux capitaux qui n'ont plus eu confiance. Or, comme la seule formule sage pour résoudre la crise du logement, c'est de construire, elle s'est trouvée grandement atteinte, puisque la collaboration privée a fait défaut, arrêtée qu'elle a été par l'effet des mesures législatives actuelles. Les lois improvisées par le Parlement pour résoudre la crise du logement, si elles ont assuré la continuité d'usage du logement aux anciens occupants, ont provoqué comme contre-coup fâcheux l'arrêt de la construction et, par conséquent, pour une grande partie, ont aggravé la crise.

L'ARRÊT DES CONSTRUCTIONS

Ce qu'il faut, c'est des constructions nouvelles. On n'en a pas fait jusqu'ici ; il n'est peut-être pas inutile de savoir pourquoi. Une de ces raisons, et non des moindres, nous venons de l'envisager : c'est le manque de confiance dans la sécurité du placement immobilier ; une autre, d'ordre sentimental, c'est l'opinion qui s'est faite progressivement dans les esprits, que le propriétaire était l'exploiteur. La légende de Monsieur Vautour porte ses fruits. L'immeuble rapportant peu, nous le verrons plus loin, même avec des prix de loyer élevés, le propriétaire qui est mal vu par tous alors qu'il ne fait qu'un maigre placement, renonce à faire construire, se contente d'acheter des titres et place ailleurs des fonds qui auraient pu utilement collaborer à la lutte contre la crise du logement.

Cependant, chacun crie contre les prix des loyers. Il faut avoir le courage de voir les choses telles qu'elles sont. La démagogie n'a pas cours en la matière, les problèmes économiques doivent être discutés en tenant compte des faits. Aucune déclaration ne vaut contre eux.

J'abandonne la discussion sur les logements anciens. Les prix de loyer, en ce qui les concerne, sont pour l'instant contrôlés par la loi, du moins en apparence. Mais pour les logements nouveaux, il faut voir ce que sont les choses. Les prix des terrains ont à peu près triplé, en d'autres termes, ils sont restés d'une valeur stable, valeur or s'entend. La construction est à peu près au coefficient 4, c'est-à-dire qu'elle est quatre fois plus chère que jadis. Si l'on prend l'exemple d'une construction qui, avant-guerre, aurait coûté 500.000 francs (400.000 francs de bâtisse et 100.000 francs de terrain), on trouve que cette même construction coûterait actuellement 1.900.000 francs (300.000 francs de terrain et 1.600.000 francs de bâtisse). Avant-guerre, les charges qui diminuaient le revenu brut du loyer étaient d'environ un tiers. Les immeubles rapportaient net au moins 4 %. C'est donc un revenu brut de 6 % qu'un pareil immeuble devait donner, c'est-à-dire 30.000 francs de loyer. De nos jours, les charges évidemment se sont accrues et nul ne trouvera excessif qu'on les estime à 40 % (1). L'argent rend net couramment 7 ½ %. Il en résulte que le loyer brut d'un immeuble neuf doit être de 12 %. La même construction, qui jadis aurait valu 500.000 francs, qui actuellement vaut 1.900.000 francs, doit donc rendre brut 228.000 francs de loyer. En d'autres termes, les loyers nouveaux sont aux loyers anciens dans le rapport de 1 à 7 ½. C'est ce rapport indiscutable, contre lequel on peut récriminer sans que cela change en rien les choses, c'est ce rapport que l'opinion publique n'admet que difficilement, parce qu'on lui a faussé le sentiment de la vérité sur ce point. C'est parce que ce rapport n'est pas compris, c'est parce qu'il n'est pas supporté sans que le propriétaire soit traité de mercanti, que les propriétaires refusent de construire.

L'INTERVENTION ADMINISTRATIVE

Puisque, ainsi que nous l'avons vu, la crise ne peut se résoudre que par des constructions neuves, puisque la collaboration privée fait défaut pour une grande part, il faut, ou bien admettre que la crise ne se résoudra pas, ou bien rechercher des formules autres que les formules habituelles.

Si l'on considère que le logement populaire ne peut pas laisser la collectivité indifférente, parce que le travailleur, pris en dehors de tout sentimentalisme, représente une richesse matérielle qui doit être sauvegardée par tous les moyens, qu'au fond il est la nation elle-même dans ce qu'elle a de meilleur ; si l'on considère qu'il n'est pas indifférent au pays que ce travailleur soit heureux, qu'il ait une santé physique excellente,

---

(1) Voici comment peuvent être évaluées, à Marseille, les charges qui pèsent sur les immeubles.

Pour 1.000 francs de loyer brut :

1° Contribution foncière	153.00
Impôts { Taxe de main morte	54.00
Taxe vicinale	6.00
Taxes municipales	6.00
2° Frais d'éclairage	5.00
3° Redevance des eaux	8.00
4° Taxe d'assainissement 16.00 } Frais de nettoiement 10.00 }	26.00
5° Frais de concierge et de gardiennage	10.00
6° Fournitures diverses pour nettoyage, etc	0.35
7° Assurances incendie et accidents	5.00
8° Frais de gérance des immeubles	50.00
9° Frais d'entretien	40.00
10° Amortissement	10.00
Total Fr.	373.35

Par suite mille francs de loyer brut, sont ramenés à
$$1.000.00 -- 373.35 = 626.65$$

Les charges représentent 37.335 o/o du montant brut du loyer, mais avec les dernières lois fiscales (22 Mars 1924), elles peuvent être estimées à 40 o/o du montant du loyer.

Il est à remarquer que cette énumération des charges ne comprend, ni les non-locations, ni les non-paiements, ni les frais de poursuites ou de contentieux quelconque. Elles s'appliquent seulement à des sommes encaissées.

On peut admettre que dans des conditions normales (par exemple ce qui se passait avant guerre) le coefficient de non-location représentait 66 fr. pour 1.000 fr. de loyer et celui de non paiement 8 fr. pour 1.000 fr. de loyer. N'ont pas été comptés non plus, comme étant des frais récupérables sur les locataires :

1° L'impôt des portes et fenêtres.
2° L'enregistrement (6 pour 1.000 du loyer).
3° Les timbres du bail.
4° Les frais de ramonage.

qu'il ait un moral à la hauteur du rôle qu'il doit jouer ; si l'on considère que ses facultés d'ordre, d'économie, sont intimément liées à la richesse publique, il faut, quelle que soit l'opinion politique que l'on professe, quelles que soient ses tendances philosophiques ou sociales, qu'on admette que le logement populaire correspondant, en réalité, à un service social et national. Lorsque l'initiative privée est insuffisante ; plus encore, lorsqu'elle est défaillante, lorsque les particuliers ne comprennent pas la mission qui leur échoit, lorsqu'ils considèrent le logement populaire simplement comme une machine à revenus, lorsque, dans l'âpre lutte présente, ils oublient leur devoir, la Nation elle-même doit se substituer à eux et remplir à leur place l'œuvre de solidarité sociale.

Croit-on, par exemple, qu'un pays puisse se désintéresser de sa natalité ? Croit-on qu'il soit indifférent qu'une race disparaisse ? Quels sont ceux qui, partisans d'un effort dans ce sens, n'admettront pas qu'en tout premier lieu, pour qu'il y ait la famille, il faut d'abord le logis, c'est-à-dire, pour reprendre une phrase qui fait image, qu'avant de s'occuper des petits, il faut s'occuper du nid. Tous efforts faits dans ce sens et qui ne tiendraient pas compte de l'ordre des choses sont des efforts voués à la stérilité ; tous sacrifices appliqués sans méthode correspondent à des fonds gaspillés. La famille, elle viendra tout naturellement, grande, belle, forte, ardente au travail, pourvue de toutes les vertus familiales, si on lui a donné pour naître le milieu salubre, agréable, accueillant, qui est sa condition même. On fait de grands efforts pour lutter contre la maladie, l'alcoolisme, la tuberculose, la syphilis, mais toutes ces tares, ne sont-elles pas le plus souvent la conséquence des taudis destructeurs de la santé autant que de la famille ?

Fournir des habitations salubres, c'est tout à la fois supprimer la maladie, diminuer la mortalité, c'est permettre aux travailleurs de se constituer des économies et, par conséquent, alléger considérablement toutes les œuvres d'assistance.

Veut-on des chiffres et des exemples ?

La mortalité générale de Paris est d'environ 17 pour 1.000 (17 décès par an et par 1.000 habitants) et celle de la banlieue parisienne, d'environ 21 pour 1.000. Dans Paris, cette mortalité varie selon les quartiers. Elle est environ de 7,9 pour 1.000 à la Porte-Dauphine ; 8,6 à l'Europe ; 9 aux Champs-Elysées ; 9,3 à Monceau, tous quartiers riches et salubres. Elle passe, dans les quartiers ouvriers, aux chiffres suivants : 23,7 pour 1.000 au Père-Lachaise ; 24,5 à Belleville ; 25,1 à Charonne ; 33,5 à la Salpêtrière.

En face de ces chiffres, quels sont ceux de la mortalité anglaise ?

La mortalité moyenne anglaise est de 15,5 pour 1.000 (15,5 décès par an et par 1.000 habitants). Celle du grand Londres est de 13,1. Elle varie, d'après le bureau de la Santé, de 11,3 dans les maisons riches à 50 dans les maisons très pauvres. Mais il ne faudrait pas croire, d'après ces chiffres, que la mortalité soit une question de classe, c'est surtout une question de milieu. Voici des chiffres obtenus uniquement avec des populations ouvrières :

A Liverpool, la mortalité moyenne est de 21,6 pour 1.000, et à Birkenhead, ville ouvrière à proximité, cette mortalité est de 17,7 pour 1.000. Or, dans la cité-jardin de Port-Sunlight, près de Liverpool, village exclusivement ouvrier, cette même mortalité s'abaisse au chiffre de 9,1 pour 1.000, c'est-à-dire à la mortalité des plus beaux quartiers de Paris.

A Birmingham, ville manufacturière, la mortalité moyenne est de 17,9 pour 1.000, c'est-à-dire supérieure de plus de 2 pour 1.000 à la mortalité moyenne de l'Angleterre. Or, à Bournville, village-jardin situé à proximité, occupé exclusivement par des ouvriers, cette mortalité est en moyenne de 7,4 pour 1.000. Pour la période quinquennale 1908-1913, cette moyenne est même tombée au chiffre invraisemblable de 5,5 pour 1.000 !

Ces chiffres ne sont pas spéciaux à l'Angleterre. Ils se reproduisent partout où se trouvent des logements salubres, même quand ils ne sont pas dans des conditions aussi parfaites que dans le Royaume-Uni.

A Paris, sans l'aide indiscutablement puissante qu'apportent les jardins, en ne considérant que de vastes blocs à logements collectifs, on trouve des chiffres à peu près équivalents. Les chiffres de la mortalité dans les immeubles de la fondation Rothschild sont les suivants : en 1909, 8,8 pour 1.000 ; en 1910, 9 pour 1.000 ; en 1911, 6 pour 1.000 ; en 1912, 8,4 pour 1.000 ; en 1913, 9,9 pour 1.000. Il s'agit d'une population ouvrière d'environ 4.000 personnes. Les chiffres donnés par la fondation Lebaudy sont à peu près équivalents.

Même si l'on considère un pays qui a déjà fait beaucoup pour le logement populaire, mais où, malheureusement, le surpeuplement est fréquent, l'Italie, nous trouvons des chiffres à peu près semblables. L'Office des Maisons populaires de Rome, en effet, donne, pour les années 1916, 1917, 1918 et pour une population logée atteignant 18.000 personnes, les chiffres suivants : mortalité 1916, 8,10 pour 1.000 ; 1917, 9 pour 1.000 ; 1918, 15,92 pour 1.000, dont 6,7 pour 1.000 procurés par l'épidémie de grippe, soit net 9,22 pour 1.000.

Si nous voyons la mortalité infantile, autrement dit celle qui touche les enfants de 0 à 1 an, les chiffres sont de même nature.

D'une enquête faite à Milan, en 1903, il résulte que, pour 1.000 enfants, il meurt dans les familles habitant :

Une seule pièce............ 270,8
Deux pièces 234,8
Trois pièces 178,9
Quatre pièces 155,0
Cinq pièces 105,2

D'une deuxième enquête, portant sur 8.094 familles, il résulte que la mortalité infantile passait de 325,4 à 285,5 et à 207,9 pour 1.000, pendant que ces familles habitaient une seule, deux ou trois pièces.

La mortalité infantile de l'Assistance
publique à Paris a atteint par 1.000 enfants :
En 1918......... 446,8 (presque la moitié)
» 1919......... 384,1
» 1920......... 363, (plus du tiers)

En Angleterre, cette mortalité infantile est en moyenne de 109 pour 1.000. Elle s'élève à 125 pour 1.000 à Birmingham et à Bournville (à 4 milles de là), elle tombe au chiffre remarquable de 38 pour 1.000. Et tandis que cette mortalité si basse est obtenue, il est constaté que les enfants de Bournville ont sur ceux de Birmingham, en moyenne, 10 % en plus sur le poids et 5 % en plus sur la taille.

On est unanime, aujourd'hui, à reconnaître que le logement insalubre, le logement surpeuplé, est un des principaux facteurs dans l'étiologie de la tuberculose. Les enquêtes le montrent depuis longtemps. Elles prouvent qu'il existe à Paris, ainsi que dans les grandes villes, des maisons ou des groupes de maisons qui sont des foyers intensifs et permanents de tuberculose. Dans ces maisons maudites, on meurt de tuberculose trois fois plus que dans les autres maisons. Elles ont toujours les mêmes caractéristiques ; elles se trouvent dans des rues étroites, ont de petites cours bordées de murs élevés, constituant de véritables puits sombres et humides. Ce qui semble dominer ici, c'est le manque d'aération et de soleil, de soleil surtout. La tuberculose serait avant tout, d'après Juillerat, la maladie de l'obscurité.

Ainsi, en admettant, pour la France, comme taux moyen de la mortalité des travailleurs mal logés (et ils le sont presque tous), 25 décès par 1.000 habitants et par an, et en admettant aussi que cette même population logée dans des appartements salubres n'aurait plus qu'une mortalité de 10 pour 1.000 (nous avons vu qu'en réalité l'expérience donne des chiffres inférieurs), *le gain annuel par 1.000 habitants bien logés serait de 15 décès par an.*

Dépenser pour le logement populaire, c'est donc non seulement sauver des milliers de vies humaines, mais c'est encore économiser tous les frais énormes qu'on fait en faveur des malheureux et des malades. Il ne faut donc pas considérer, lorsque l'intervention administrative se produit en faveur du logement populaire (évidemment avec des contributions budgétaires), qu'il s'agit là de dépenses improductives. Un chapitre du budget s'augmente pendant qu'un autre diminue ; c'est, dans tous les cas, une des meilleures destinations qu'on puisse donner aux fonds publics, puisqu'elle correspond au mieux-être des travailleurs.

LES LOIS SUR LES HABITATIONS A BON MARCHÉ

Comment la collectivité peut-elle intervenir dans la question du logement ?

Depuis longtemps, le législateur avait accordé sa bienveillance aux habitations populaires. Depuis près de trente ans, il avait créé et encouragé les Sociétés d'habitations à bon marché et il avait donné des facilités aux organismes de prévoyance qui secondaient leurs efforts. Mais il ne s'agissait que d'une intervention sans grande ampleur.

En 1908, les Sociétés de Crédit immobilier, en fin 1912 les Offices publics d'habitations à bon marché, avaient été créés, mais ce n'est que depuis l'extension de la crise que tous ces organismes, secoués par les besoins, ont pris conscience du rôle qu'ils avaient à jouer et qu'ils ont commencé à entreprendre une offensive contre le manque de logements.

Les diverses formes de la législation sur les habitations à bon marché ont des caractéristiques communes. Elles visent toutes un type déterminé de bénéficiaires, « des personnes de ressources modestes vivant principalement de leur travail » ; elle s'appliquent toutes à des logements répondant à des dispositifs communs : minimum de surface, contrôle de la salubrité ; mais elles se différencient par des détails.

Dans certains cas, on poursuit l'accession à la petite propriété ; ce qu'on cherche à créer alors, c'est la petite maison familiale entourée d'un jardin si possible. L'occupant est financièrement aidé par la collectivité à devenir propriétaire. Dans d'autres cas, il s'agit de la location simple de maisons isolées avec jardin ou de maisons collectives qui peuvent se trouver en plein centre des villes. Les modalités prévues par la loi pour le fonctionnement des organismes d'habitations à bon marché offrent la plus grande souplesse. Tantôt ce sont des Sociétés anonymes ordinaires ou à forme coopérative, qui construisent, louent ou vendent ; tantôt ce sont des Sociétés anonymes qui laissent au bénéficiaire la faculté de choisir son terrain, de faire construire sa maison et qui se contentent de lui prêter les fonds qui lui manquent ; tantôt, c'est l'Administration elle-même, sous une de ses multiples formes, qui construit, loue ou vend, qu'il s'agisse des communes, des hôpitaux, des Bureaux de bienfaisance, des Offices publics d'habitations à bon marché.

DÉFECTUOSITÉS DE LA LOI

Ces formes multiples ne répondent plus toutes à des besoins évidents. Elles sont le résultat d'ajouts successifs. La loi ne s'est pas créée d'un seul coup. Elle s'est faite d'éléments divers juxtaposés les uns aux autres, selon l'initiative des personnalités généreuses qui s'en occupaient ou les besoins et la situation du moment. L'impression que l'on a maintenant, quand on revoit toute cette législation, après avoir rendu un hommage mérité à tous ceux qui y ont collaboré, après avoir loué et leur générosité et leurs efforts, c'est la nécessité d'une refonte générale qui, englobant les initiatives passées, apporterait à l'œuvre nouvelle les améliorations dictées par l'expérience.

La loi ne répond plus aux besoins présents, elle est débordée par eux. Elle est vieillotte, tâtillonne, sans aucune des audaces et des rapidités qui s'imposent ; elle est restée la loi de bienfaisance d'avant la guerre ; elle apporte des solutions généreuses, sans doute, mais qui sont et trop lentes et trop mesquines. A ces besoins énormes, exceptionnels, urgents, il faut des solutions exceptionnelles aussi. Nous sommes en crise, il faut des mesures de crise.

Jadis, les habitations à bon marché relevaient uniquement de l'initiative privée, aidée matériellement par l'Etat. Maintenant, cette initiative privée elle aussi subit la crise que nous avons vue tout à l'heure, la gestion d'immeubles neufs étant déficitaire même dans le cadre de la loi du 5 décembre 1922.

Déduisez 40 % de frais de gestion, des prix de loyer permis par la loi (diminués, en outre, des détaxes réservées aux familles nombreuses) et dites s'il est possible d'équilibrer les dépenses pendant la période d'amortissement des emprunts. C'est en moyenne le 50 % de perte que l'on a à supporter. En d'autres termes et sous le bénéfice de la législation sur les habitations à bon marché, les logements reviennent au double du prix auquel on les loue. Qui donc doit supporter cette perte ? Ce n'est pas les Sociétés elles-mêmes, puisque bien vite leur capital social aurait disparu et la faillite s'ensuivrait. C'est donc une aide extérieure qui doit se produire et cette aide ne peut venir que de la collectivité.

Dans ces conditions, ne vaut-il pas mieux que l'effort public se porte sur les établissements publics, c'est-à-dire que ce soit la richesse de tous, qui profite des sacrifices de tous. Les capitaux à mettre en cause sont considérables. L'Etat ne les a jamais vus ou n'a jamais voulu les voir tels qu'ils doivent être. Avec parcimonie, chichement, il a discuté les sommes à attribuer. Pour comble, il en avait par la loi du 24 octobre 1919, chargé un organisme financier dont le moins qu'on en puisse dire c'est qu'il consacre ses indiscutables qualités d'ordre et de méthode à de la restriction financière bien plus qu'à de la solidarité sociale. Le résultat a été tel qu'une loi a dû, d'urgence, intervenir le 26 février 1921 pour modifier les conditions dans lesquelles les fonds nécessaires seraient distribués. La loi a commis d'autres erreurs. Elle a prévu des commissions multiples, chargeant les unes d'attribuer des subventions pour le logement des familles nombreuses, les autres de distribuer les prêts, d'autres de règlementer le fonctionnement des organismes d'habitations à bon marché. Toutes ces commissions sont composées d'éléments différents avec une majorité de fonctionnaires dont il ne me vient nullement à la pensée de discuter la valeur personnelle ni le dévouement, mais qui appliquent des directives trop bureaucratiques. Chacun comprendra que ce manque d'unité, cette dispersion d'efforts crée des situations inextricables dont les affaires sont les victimes et qui ont raison des volontés les plus solidement trempées.

Il faut mettre de l'ordre et simplifier cela. Une seule commission doit suffire, l'unité d'action sera ainsi obtenue. Cette commission, elle existe. C'est le Comité permanent du Conseil Supérieur des habitations à bon marché, tel qu'il vient d'être réorganisé par le décret du 27 mars 1924, décret que l'onn'a pas encore appliqué, nul ne sait pourquoi, et auquel on n'a qu'à soumettre l'ensemble des affaires.Sous la législation actuelle, un dossier met normalement au moins 2 ans,avant qu'on puisse arriver au commencement d'exécution. Est-ce admissible, et est-ce ainsi qu'on croit pourvoir résoudre une crise alors que les heures comptent double ?

On a fait une codification dite loi du 5 décembre 1922 qui a réuni et, à peu près, mis en ordre les diverses lois successives dont nous avons parlé déjà. Mais, tandis que l'on créait cette codification, on ne touchait pas aux autres textes complémentaires. Décrets, arrêtés, circulaires, tout se rapporte encore aux anciennes lois, si bien que, sous prétexte de simplifier, on a créé une situation inextricable dont on ne peut sortir qu'à la condition de ne plus lire la loi nouvelle mais de se reporter toujours aux anciens textes, les seuls qui subsistent en réalité ! Et cela dure depuis deux ans !

La loi comporte d'autres causes de gêne, d'autres obstacles à la bonne marche des opérations qu'elle devrait aider. Parmi ces causes, existe notamment le mode de versement des subventions. Celles-ci, en vertu du décret du 25 juin 1919, sont soumises au principe de l'annualité budgétaire. Or, comme, à cause des lenteurs d'aboutissement des projets, et des délais d'exécution des vastes opérations d'ensemble entreprises par les Offices, jamais une opération n'est terminée dans l'année même de l'attribution de la subvention, c'est toujours sur exercice clos que se font les paiements des subventions. Chacun sait ce que cela représente de lenteurs. Le délai normal pour le versement de chaque partie de subvention due aux intéressés est de 4 à 5 mois.

En outre, la subvention ne commence à être payée que lorsque le 1/4 de la dépense a été effectué ; ce sont des ennuis financiers énormes que, seuls, peuvent supporter les Offices qui, généreusement dotés par leurs créateurs, disposent de fonds libres importants leur permettant une souplesse de trésorerie que ne connaissent pas la plupart des organismes.

Si l'on subventionne, c'est qu'une aide est nécessaire et si cette aide est nécessaire il faut qu'elle puisse remplir son rôle utilement.

Il n'est donc plus possible de laisser subsister le principe de l'annualité pour le versement des subventions. Plus loin, nous mentionnons la formule simple qui nous donne satisfaction à cet égard.

Enfin, au milieu de tout ce désordre, au milieu de ce manque de volonté et d'unité, domine le défaut principal qui pèse sur les habitations à bon marché : l'absence d'une politique financière. On vit au jour le jour, de petits crédits que l'on arrache l'un après l'autre, à un ministre des Finances, toujours récalcitrant quel qu'il soit ; 50 millions d'ici, 100 millions de là, on vivote.

D'action d'ensemble ? Point ! On a peur et de la chose et des chiffres. Est-ce que cela est digne d'un grand pays.

Est-ce que c'est digne d'une démocratie ? Peut-on espérer faire quelque chose avec de pareilles méthodes ?

A ce jour, on a pu, tant bien que mal, obtenir du budget des crédits qui sont à peu près les suivants :

Au titre des subventions pour les logements destinés aux familles nombreuses : 160 à 180 millions depuis 1919 ;

Pour les organismes qui font l'accession à la petite propriété : 350 millions ; pour ceux qui font la location simple : 500 millions. Sur l'ensemble de ces sommes, il reste disponibles, pas tout à fait 200 millions, ce qui représente à peu près 4 à 5 mois de fonctionnement, à l'allure actuelle.

Ensuite, c'est l'arrêt complet. Arrêtées les Sociétés de crédit immobilier, les Sociétés d'habitations à bon marché, arrêtés aussi les Offices. Tout est suspendu parce que l'on n'a pas de politique financière, parce que l'on vit au jour le jour, parce qu'on ne se préoccupe nullement du lendemain. Cependant, les besoins ne sont pas satisfaits, tant s'en faut. On pourrait même dire qu'ils s'accroissent. Comment peut-on espérer que quelque chose d'utile sorte d'une pareille imprévoyance ? Comment peut-on croire aussi que les Sociétés ou Établissements publics qu'on arrête net alors qu'ils n'ont accompli qu'une infime partie de leur tâche, seront capables de gérer économiquement, s'il s'agit des Offices, d'avoir une vie commerciale possible si l'on considère les sociétés ? Ce sont des frais généraux hors de proportions pour les uns, c'est le danger de déconfiture pour les autres, c'est en même temps l'écroulement de toute la politique du logement populaire en France.

Cela ne se peut pas. Il faut une politique financière, large et audacieuse. Il la faut, malgré les ennuis financiers que traverse le pays, parce que, non seulement, c'est un argent qui ne sort pas du territoire et qui, par conséquent, n'appauvrit pas la Nation, mais aussi parce que les charges qui en découlent pour le Budget sont d'ordre modeste et de beaucoup inférieures aux bénéfices qu'on peut en retirer.

Il faut d'abord courir au plus pressé. On ne peut pas envisager une refonte des dispositifs financiers actuels dans le temps infime qui reste libre avant l'épuisement total des crédits. Il faut donc immédiatement les alimenter suffisamment pour que, cette année même, c'est-à-dire en 1925, on puisse maintenir aux organismes d'habitations à bon marché, leur activité normale et pour que rien ne soit arrêté des projets en cours de réalisation.

Le Budget de 1925 devra donc encore inscrire une subvention pour les logements destinés aux familles nombreuses, mais cela n'implique nullement que ces subventions doivent être accordées sans le contrôle qui s'impose en la matière. Il serait bien fâcheux, en effet, que chacun se croit qualifié à puiser à ces subventions en perdant de vue leur raison d'être, à savoir :

Recevoir effectivement des familles nombreuses dans les conditions et dans les proportions prévues par la loi. Mais constatons, que par suite du déclanchement général des constructions pour familles nombreuses, le crédit est insuffisant. De 30 millions, il doit être porté au moins à 50 millions.

Pour l'exercice 1925, et pour tenir compte de l'activité très grande des Sociétés de crédit immobilier, le crédit actuel de 350 millions, à peu près épuisé, doit être augmenté de 150 millions. C'est de 200 millions que doit être accru le crédit de 500 millions, à peu près épuisé, lui aussi, affecté plus particulièrement aux Offices publics d'habitations à bon marché. Que l'on ne croit pas qu'il s'agisse, ici, de charges très lourdes à faire supporter au Budget. Pour les 50 millions de subvention, entendu, c'est une charge ; pour les 350 millions, c'est une avance à taux réduit consentie par les Caisses d'épargne et par la Caisse nationale des retraites pour la vieillesse et sur laquelle le Budget intervient simplement pour compenser la différence d'intérêt, soit, en tout, une annuité de 13 millions de francs environ. On ne peut pas dire que cela soit excessif et hors de proportion avec les énormes services sociaux obtenus.

Notre rapport a exposé le problème créé par la crise du logement et a envisagé la solution que pouvaient y apporter les organismes d'habitations à bon marché. Ces organismes, jusqu'ici, ont eu leur champ d'action limité au logement modeste. Dès que cette étape, la plus urgente, aura été accomplie, les mêmes organismes, par une modification nécessaire de la loi, devront étendre leur activité au logement des classes moyennes.

Nul n'ignore que dans la bataille économique présente, si âpre, si rapide, si totale, qu'elle a, pour l'observateur averti, l'allure d'une révolution, ce sont les deux classes extrêmes qui supportent le plus facilement la lutte et que la classe sociale la plus durement touchée, et aussi la plus négligée, c'est la classe moyenne. Petits commerçants, petits industriels, petits représentants des professions libérales, petits fonctionnaires, petite bourgeoisie, prolétariat en jaquette, ceux-là sont les sacrifiés et ceux-là, cependant, sont ceux qui, avec une douloureuse dignité souffrent en silence.

L'œuvre de la Nation ne serait pas complète si elle négligeait cette importante catégorie de citoyens. Nuls mieux que les organismes d'habitations à bon marché ne sont qualifiés pour apporter leur collaboration à cette deuxième étape et pourvoir d'un logis familial, digne, salubre et à prix accessible, les classes moyennes.

Sans doute, c'est l'œuvre de demain, mais d'un demain tout proche et pour lequel toute l'organisation est prête.

LES AMÉLIORATIONS NÉCESSAIRES

La législation est défectueuse, nous venons de le voir ; il faut donc la perfectionner, ceci restant indépendant de la réorganisation financière dont nous avons parlé. Ainsi dans nos projets de mise au point de la législation pour ce qui concerne les habitations à bon marché, deux grandes divisions s'imposent : 1° l'amélioration de la législation existante, nous allons voir comment elle peut s'opérer ; 2° la création d'une politique financière nouvelle.

Quelles sont les améliorations que nous réclamons pour que fonctionne d'une manière convenable la législation sur les habitations à bon marché ?

Pour cela, il faut :

1° Que soit appliqué d'urgence le décret du 27 mars 1924, réorganisant le Conseil supérieur des habitations à bon marché dans des conditions donnant satisfaction aux organismes intéressés.

2° Que soit modifié l'article 4 du décret du 25 juin 1919 et que soit supprimé le principe de l'annualité dans le versement des subventions.

3° Que, pour 1925, soit porté à 50 millions le crédit pour subvention aux logements destinés aux familles nombreuses.

4° Que soit amélioré le projet de loi déposé par M. Bovier-Lapierre, dont il va être parlé.

5° Que soit instaurée une politique financière pour l'habitation à bon marché.

6° Que soit prévue l'utilisation des organismes d'habitation à bon marché lorsque va être entreprise l'aide au logement des classes moyennes.

7° Que soient refondus pour êtres adaptés à la nouvelle loi d'ensemble tous les décrets, arrêtés et circulaires qui en expliquent et en précisent l'application.

I° Mise en application du Décret du 27 Mars 1924

Une amélioration importante a été réalisée par M. Paul Strauss, alors Ministre de l'Hygiène, de l'Assistance et de la Prévoyance sociales, par son décret du 27 mars 1924, qui a transformé les conditions dans lesquelles le Conseil supérieur des habitations à bon marché et son Comité permanent seraient constitués, et nous venons de voir quelles devraient être leur importance puisque nous avons proposé que ce soit sur le seul avis du Comité permanent que le ministre de l'Hygiène attribue subventions et prêts.

Nous ne comprenons pas pourquoi, depuis six mois que ce décret existe, il n'est pas entré en vigueur, alors qu'il répond, non seulement au désir des organismes intéressés, mais encore à la logique et à la doctrine démocratique.

D'après le décret Strauss, le Conseil supérieur des habitations à bon marché ne sera plus composé suivant l'arbitraire des décisions ou la pression des influences, mais bien élu par chacune des catégories intéressées qui y délégueront ceux des leurs qu'elles auront estimés les plus qualifiés pour les y représenter.

Nous demandons donc avec énergie qu'une loi aussi sage soit mise en vigueur et que le Conseil supérieur soit d'urgence refondu sur les bases d'une législation en tous points conforme, non seulement au désir mais surtout aux besoins des intéressés.

2° Modification de l'Article 4 du Décret du 25 Juin 1919

Nous avons vu plus haut les graves inconvénients qui résultent du mode de versement des subventions attribuées aux logements réservés aux familles nombreuses et les lenteurs qui en découlent. Le principe de l'annualité budgétaire et le temps nécessaire aux opérations des organismes d'habitations à bon marché font que les mandatements s'effectuent toujours sur un exercice clos, ce qui retarde en moyenne les payements de 5 mois. Cela est inadmissible et cause des gênes inextricables.

Nous avons le plus grand besoin que soit modifié l'article 4 du décret du 25 juin 1919. Nous demandons son remplacement par le texte suivant :

« Les subventions accordées seront, dans l'année même de leur attribution, ver-
« sées à la Caisse des Dépôts et Consignations, au crédit de l'organisme attributaire, auquel
« elles seront payées sur sa demande.

« Les subventions seront versées au fur et à mesure de l'avancement des travaux,
« après justification qu'avant chaque versement l'organisme a payé la part proportionnelle
« à sa charge sur le dit versement.

« L'état des travaux sera certifié par le Comité de Patronage ou, le cas échéant, par
« le représentant du Ministre de l'Hygiène, de l'Assistance et de la Prévoyance sociales.

« Toutes pièces établissant l'emploi régulier des fonds devront être fournies à la
« Caisse des Dépôts et Consignations. »

3° Amélioration et Vote rapide du projet de loi déposé par M. Bovier-Lapierre

Tout à l'heure ont été examinés les défauts de la législation. Il est cependant possible d'y apporter d'utiles corrections. Un grand effort dans ce sens a été fait par M. Bovier-Lapierre, rapporteur de la Commission d'assurance et de prévoyance sociales de la Chambre, chargée d'examiner de multiples projets de lois qui sur cette question du logement étaient soumis au Parlement, notamment par MM. Ch. Bertrand, Pierre Dormoy, Maurice de Rothschild, Joseph Sempé, Morinaud, Antoine Borrel.

M. Bovier-Lapierre a apporté à l'étude de son projet une remarquable compétence et une indiscutable largeur de vues. Nous lui devons des remerciements pour avoir bien voulu, lors des travaux auxquels il s'est consacré, écouter avec sa bienveillance coutumière, les propositions qui lui étaient faites par la Fédération Nationale des Offices publics d'habitations à bon marché et nous avons eu la très grande satisfaction de voir qu'il avait fait siennes un certain nombre de propositions émanées des travaux de la Fédération. Cela n'étonne aucun de ceux qui savent l'esprit droit et la clairvoyance avisée de l'éminent rapporteur de la Commission d'assurance et de prévoyance sociales.

Il nous sera permis, cependant, de proposer à ce projet de loi, qui supprime une partie des défectuosités que nous avons déjà exposées, des améliorations qui s'imposent. Elles répondent à notre constante et persistante volonté de clarté, d'ordre et de rapidité.

Plus loin, nous reproduisons complètement les divers articles du projet de loi de M. Bovier-Lapierre et chaque fois nous avons inséré dans le texte du rapporteur les modifications qui nous paraissent utiles, en y joignant les motifs qui nous les ont dictées. Nul doute que nos suggestions seront admises. Elles sont le résultat d'une application quotidienne de la loi et des ennuis qui résultent de ses défauts.

Nous y avons inséré les modifications d'ordre financier nécessaires pour franchir, sans arrêt de l'activité des organismes d'habitations à bon marché, l'exercice 1925 et pour atteindre la mise en vigueur des dispositions découlant de la politique financière que nous allons préconiser. On a vu plus haut, lors de l'examen des défectuosités de la loi, l'importance des crédits nécessaires, leur origine possible et les faibles charges qui en résulteraient pour le budget. Nous n'y reviendrons plus ici.

4° Augmentation pour 1925 de la subvention aux logements destinés aux familles nombreuses

Par suite de l'activité plus grande des organismes d'habitations à bon marché, le crédit inscrit chaque année au budget pour subvention aux logements destinés aux familles nombreuses, est devenu insuffisant. Il a été jusqu'ici de 30 ou de 35 millions.

Pour satisfaire maigrement aux besoins, ce crédit doit être porté à 50 millions pour l'exercice 1925. Lorsque la politique financière envisagée plus loin aura reçu satisfaction et que les émissions d'obligations s'effectueront, il y aura lieu de voir sur quelles bases nouvelles interviendront les subventions. Toutefois, il convient dès à présent qu'il soit bien entendu que les subventions ne seront attribuées qu'à ceux des organismes qui, non seulement s'engageront à observer la loi, mais l'observeront réellement en ce qui concerne la composition des familles habitant les logements subventionnés.

5° Création d'une politique financière de l'habitation à bon marché

Nous l'avons vu, les besoins immédiats de logements sont énormes. C'est une question essentielle non seulement pour l'avenir de la race, mais dans l'ordre plus proche, c'est une question de paix sociale. On ne peut plus continuer à vivre sous le régime des lois exceptionnelles sur les loyers. Il faut de toute urgence préparer le retour au droit commun.

Chacun est d'accord là-dessus, mais quand il s'agit de passer à l'application pratique, on n'aboutit plus.

Faire des lois satisfaisantes sur les habitations à bon marché, nous avons vu qu'on pouvait y parvenir, nous avons même constaté un commencement de réalisation dans la proposition Bovier-Lapierre, mais qu'espérer avoir ainsi puisque toute la législation est basée sur le concours de l'Etat, et que les crédits sur lesquels on a fait des prélèvements jusqu'ici sont en voie d'épuisement ?

A quoi sert-il de continuer d'approuver des créations de Sociétés d'habitations à bon marché, de Sociétés de Crédit immobilier ou des Offices publics quand on n'a plus assez d'argent pour que vivent ceux de ces organismes qui existent et qui travaillent ? N'est-ce pas un non-sens de procéder ainsi ? Ne vaut-il pas mieux donner les fonds qui sont encore disponibles aux organismes existants et leur permettre ainsi de travailler ?

Il faut de l'argent, non pas pour une besogne sans nécessité, comme il a été tant gaspillé et comme dans des proportions moindres on continue à le faire, mais pour une œuvre éminemment utile. Il s'agit, tout en maintenant les capitaux en France, de créer du travail, de faire marcher les industries, donc de créer de la matière imposable, de résoudre un des problèmes intérieurs les plus angoissants et de faire de grosses économies non seulement sur les vies humaines (qui quand même doivent compter), mais aussi sur tous les frais d'assistance et de solidarité sociales.

Il faut de l'argent, non pas au compte-gouttes, non pas pour une année, mais pour une œuvre d'ensemble qu'on puisse organiser et mener à bonne fin. Nous verrons dans un instant quelles sont les charges qui en découleraient pour le budget de l'Etat et l'on sera étonné de leur peu d'importance dans un moment où les chiffres paraissent avoir perdu toute valeur.

Nous avons vu qu'il fallait d'abord parer au plus pressé, c'est-à-dire permettre pour 1925 la continuation de l'activité des organismes et nous en avons indiqué les moyens. Les modifications que nous proposons au texte du projet de M. Bovier-Lapierre mentionnent notre solution. Mais il ne s'agit que de 1925 et bien audacieux serait celui qui oserait prétendre qu'après cette date tout effort pourrait cesser.

Or, il apparaît que devant l'importance des capitaux nécessaires, la source actuelle des fonds (Caisse Nationale des Retraites pour la Vieillesse, Caisses d'épargne, etc.) peut n'être plus suffisante. Il faut une autre formule.

La plus pratique est celle de l'appel au crédit public par l'émission d'obligations. Le dispositif qui semble le plus simple serait celui de la constitution d'un Office national qui serait un bureau de contrôle financier et d'attribution de pouvoirs d'emprunt, ces emprunts étant laissés à l'initiative des groupements locaux ou régionaux d'offices ou de sociétés. Les annuités de l'emprunt seraient supportées par moitié par l'Etat et par moitié par les organismes emprunteurs.

C'est en résumé au projet de M. Loucheur, repris ensuite sous la forme de la proposition Loucheur-Bonnevay, que nous nous rallions. Cette proposition a été votée, avec des modifications, par la Chambre des députés, les 4 et 5 novembre 1921, et est allée disparaître au Sénat où on n'en a plus entendu parler.

Mais nous n'acceptons pas le projet voté par la Chambre.

Dans leurs grandes lignes, voici nos critiques au projet de la Chambre :

1° On n'a encore fait que du mesquin, on crée de la prévoyance sociale au jour le jour. La Chambre (n'oublions pas que c'était la précédente) a voté un projet dont le champ d'application est d'un an ! Cela lui a suffi — comme si après un an la crise aura été vaincue ; à moins qu'il faille encore tout recommencer !

Nous préconisons un programme à plus longue échéance. Nous estimons qu'il doit porter — en tenant compte de la situation difficile actuelle — sur 8 années. En réduisant le chiffre de M. Loucheur, chiffre cependant bien faible déjà, nous ne croyons pas qu'on puisse descendre au-dessous de 500 millions par an. Cela ferait donc une émission totale — mais répartie sur 8 années — de 4 milliards. Contrairement aux chiffres prévus par les parlementaires qui se sont occupés de la question, nous estimons qu'il faut compter sur une dépense totale (construction, terrain et aménagement) d'environ 30.000 fr. par logement, en tenant compte des augmentations qui ne cessent de se produire. Cela ferait environ 17.000 logements par an (pour la France entière) et 135.000 logements pour la totalité de l'opération.

On ne peut pas vraiment envisager sérieusement une intervention plus réduite, sous peine, quels que soient les vocables sous lesquels on masque ses défaillances, de ne rien vouloir faire en réalité.

La charge pour le budget serait d'environ 7 % par an, mais ne porterait que sur la moitié des sommes, c'est-à-dire qu'au moment des plus fortes annuités, la charge annuelle du budget au titre de l'opération, serait de 140 millions. Peut-on dire que c'est une somme impossible à admettre dans un budget de plus de 32 milliards ? N'avons-nous pas tous les jours l'exemple de déclarations solennelles d'impossibilité d'admission de dépenses que nous voyons sombrer immédiatement lorsque des groupements actifs et nombreux somment le Parlement de leur donner satisfaction ? C'est la pusillanimité du Parlement qui motive ces mesures de violences qui, ensuite le diminuent dans l'esprit public. Il doit, prenant sa force dans sa conscience, savoir virilement choisir ses décisions et non pas se les faire imposer par les intéressés dont il aurait trop longtemps méconnu les besoins. Or, quoi de plus urgent que la solution de la crise du logement ? Quelle question touche un plus grand nombre d'intéressés ?

2° Nous nous élevons contre le remboursement à l'Etat des avances qu'il aura faites après le paiement des 40 annuités, même si, comme on l'a admis, il s'agit d'un remboursement sans intérêt. Il faut noter d'abord que le chiffre annuel de ce remboursement, effectué en 15 ans, est, à peu de chose près, le même que l'annuité que l'organisme emprunteur payait pour son emprunt. C'est donc non pas sur 40 ans, mais pendant 55 ans qu'on lui impose ses charges. Et pourquoi faire ? Les souscripteurs qui auront acheté les obligations n'y auront pas seulement vu un placement. La question sentimentale y sera intervenue. On aura considéré faire une œuvre sociale utile : sauver des familles ouvrières, résoudre la crise du logement. Pourquoi dès lors faire reverser au budget des fonds dont l'action n'est pas terminée, car la lutte contre le taudis sera de toujours.

Les annuités de remboursement, si l'Etat ne les reprend pas, ne seront pas perdues pour cela. Elles n'iront pas dans la poche des actionnaires, surtout s'il s'agit des Offices publics, qui sont des établissements publics, c'est-à-dire l'Administration elle-même. Ces fonds, qu'on ne peut affecter qu'à l'œuvre prévue pour les Offices, continueront leur action bienfaisante. Grâce à eux et sans qu'on doive procéder à de nouveaux emprunts, on achètera des taudis, on les abattra, on les remplacera par de nouveaux logements salubres, on créera des cités-jardins, on aidera sous toutes ses formes l'habitation populaire. N'est-ce pas un emploi hautement défendable et n'est-ce pas préférable au reversement au budget ?

En ce qui concerne les Sociétés d'habitations à bon marché, qui peut-être à cette époque lutteront avec quelque peine contre les Offices et contre les Sociétés de Crédit immobilier, il est évident qu'on ne peut pas leur permettre de conserver de gros capitaux qui proviendront pour la plus grande partie des versements de l'Etat. Comme le proposait très justement M. Loucheur, on pourrait leur demander de rembourser une partie des sommes qu'elles auraient reçues de l'Etat, mais non la totalité. Il paraît que la formule la plus simple serait de leur demander du 2 % de la partie de leur emprunt prise en charge par l'Etat, ceci pendant 15 années. Et encore là peut-on prévoir des modalités comme le versement à une caisse spéciale qui, avec les fonds ainsi recueillis continuerait la lutte contre le taudis et la création du home ouvrier.

Cette organisation financière, proposée par M. Loucheur, tenant compte des observations ci-dessus, est une nécessité urgente. On ne peut pas la différer sous peine de se trouver acculé ou bien à un arrêt de l'activité des organismes d'habitations à bon marché, ce que je considère à l'égal d'un cataclysme social, ou bien de procéder comme on pourrait être tenté de le faire, par bonds successifs n'apportant que des solutions partielles, réduites et improvisées, ce qui est la plus désastreuse des méthodes.

Nous demandons que d'urgence un projet soit étudié, d'accord avec les groupements intéressés, notamment avec la Fédération Nationale des Offices publics d'Habitations à bon marché et que le Parlement dote enfin les habitations à bon marché de l'outil financier qui leur est indispensable pour aboutir rapidement.

6° Utilisation des organismes d'habitations à bon marché pour les logements des classes moyennes

Pourvus des améliorations que nous venons d'envisager, les organismes d'habitations à bon marché sont outillés pour mener rapidement à bien une œuvre considérable. Ils créeront vraiment le logis du travailleur, ils détruiront une partie importante des taudis, mais rien n'aura été faite comme nous l'avons dit en faveur des classes moyennes. Or, celles-ci réclament déjà et réclameront plus véhémentement ensuite qu'on leur vienne en aide. Puissamment organisés comme ils le seront à ce moment, les organismes d'habitations à bon marché, qui offrent toutes les garanties de technicité, de moralité et de désintéressement, seront les mieux qualifiés pour entreprendre cette lutte nouvelle et la mener à bonne fin.

Des dispositions législatives très simples permettront rapidement d'habiliter les organismes d'habitations à bon marché à leur tâche nouvelle pour laquelle d'ailleurs leur dévouement est dès à présent acquis.

7° Refonte des Décrets, arrêtés, circulaires pour être mis en harmonie avec la loi d'ensemble qui sera votée

Nous l'avons dit, on a fait le 5 décembre 1922 une loi de codification groupant et mettant en ordre les diverses dispositions législatives existantes sur les habitations à bon marché. Cette loi, au surplus, ne tient pas compte des besoins actuels et doit être d'urgence remaniée. A ce sujet, voir plus loin le projet Bovier-Lapierre amendé par nous.

Mais les décrets, arrêtés, circulaires, n'ont pas été retouchés, de sorte qu'ils se reportent à des anciennes lois qui ont disparu. En fait, on a considérablement embrouillé les choses.

Nous demandons que, dès que la loi du 5 décembre 1922 aura été remise au point, les décrets, arrêtés et circulaires ministérielles soient refondus et mis en harmonie avec la législation en vigueur.

CONCLUSIONS

L'œuvre des habitations à bon marché a été vue dans tous ses détails. On a pu constater que c'était cette forme de l'intervention administrative qui seule pouvait apporter une atténuation sérieuse à cette chose très grave qui s'appelle la crise du logement.

Nous avons vu quelles étaient les difficultés administratives accumulées contre ceux qui s'efforcent de faire aboutir cette forme de la solidarité et quelles étaient les défectuosités de la loi.

On peut et on doit remédier à ces défauts par les dispositions suivantes :

1° Voter immédiatement le projet de loi rapporté au nom de la Commission d'hygiène et de prévoyance sociale de la Chambre, par M. Bovier-Lapierre, en y adjoignant les modifications figurant sur le texte reproduit en annexe et qui apportent notamment les dispositifs financiers indispensables à l'exercice 1925.

2° Modifier, comme nous l'avons proposé, l'article 4 du décret du 25 juin 1919, afin d'éviter les retards considérables dans le paiement des subventions.

3° Appliquer sans délai le décret du 27 mars 1924, transformant le Conseil supérieur des habitations à bon marché.

4° Porter, pour l'exercice 1925, à 50 millions le crédit affecté aux subventions pour logements destinés aux familles nombreuses.

5° Créer une politique financière de l'habitation populaire, politique dont l'application porterait sur 8 années et à l'élaboration de laquelle devraient participer les organismes d'habitations à bon marché.

6° Refondre les décrets, arrêtés, circulaires qui expliquent et précisent la loi et les mettre en concordance avec la loi d'ensemble qui sera votée.

A ces diverses conditions, l'habitation populaire aura une aide efficace et rapide. En y joignant ensuite l'intervention pour les classes moyennes, on aura pratiquement résolu la crise du logement, permettant ainsi le retour au droit commun dans les rapports entre propriétaires et locataires.

Enfin, et c'est par ces espérances réconfortantes que je veux terminer :

Nous avons vu que sur chaque millier d'habitants logeant dans les maisons salubres, l'économie annuelle de vies humaines était au moins de 15 décès par an. Comme il y aura dans les 150.000 maisons (car il faut adjoindre au 135.000 résultant de l'application du projet Loucheur au moins 15.000 maisons à construire en 1925) 6 personnes par famille, soit 900.000 habitants, c'est 13.500 êtres humains par an que l'application des mesures que nous proposons arrachera à la mort.

J'espère qu'il se trouvera assez d'hommes au cœur généreux pour estimer qu'après tant de milliards dépensés aux œuvres de mort, on peut tout de même réserver quelques millions aux œuvres de vie.

5 octobre 1924.

ANNEXE

Rapport fait à la Chambre des Députés, au nom de la Commission d'Assurance
et de Prévoyance Sociales, par M. BOVIER-LAPIERRE, Député.

PROJET DE LOI

avec les améliorations proposées par nous et les motifs les justifiant.

ARTICLE PREMIER

ARTICLE PREMIER. — *L'article 2 de la loi du 5 décembre 1922 est modifié ainsi qu'il suit :*
Les avantages concédés par la présente loi s'appliquent aux maisons destinées à l'habitation collective lorsque la valeur locative de chaque logement ne dépasse pas, au moment de la construction, les maxima déterminés ci-après :

DÉSIGNATION	LOGEMENTS							
	Comprenant trois pièces habitables ou plus, de 9 mètres superficiels au moins avec cuisine et W.C. et ayant une superficie totale d'habitation entre les murs et cloisons		Comprenant deux pièces habitables de 9 mètres superficiels au moins, avec cuisine et W. C. et ayant une superficie totale d'habitation entre les murs et cloisons		Comprenant une pièce destinée à l'habitation de 9 mètres superficiels au moins et cuisine et ayant une superficie totale d'habitation entre les murs et cloisons		Comprenant une chambre isolée de 9 mètres superficiels au moins et ayant une superficie totale d'habitation entre les murs et cloisons	
	De 35 à 45 mq.	De plus de 45 mq.	De 25 à 35 mq.	De plus de 35 mq.	De 15 à 25 mq. avec ou sans W.C.	De plus de 25 mq. avec W. C.	De 9 à 15 mq. avec ou sans W. C.	De plus de 15 mq. avec W. C.
	1	1 bis	2	2 bis	3	3 bis	4	4 bis
	Fr.	Fr.	Fr.	Fr.	Fr.	Fr.	Fr.	Fr.
1° Immeubles non situés dans la ville de Paris ou sa banlieue telle qu'elle est définie au 2°...	1.008	1.092	806	873	604	655	352	386
2° Immeubles situés dans la ville de Paris et banlieue de la ville de Paris dans un rayon de 30 kilomètres à compter du point de départ du kilométrage des routes nationales.........	1.209	1.310	1.008	1.092	705	764	403	436

Les chiffres de la colonne 1 bis seront augmentés d'un cinquième par pièce supplémentaire de 9 mètres superficiels au moins, à la condition que le logement de quatre pièces habitables soit attribué à une famille comprenant au moment de l'entrée en jouissance six personnes au moins, dont quatre à charge, parmi lesquelles trois enfants ou pupilles de la Nation, âgés de moins de 21 ans. Les logements comportant un nombre de pièces supérieur à quatre ne pourront être attribués qu'aux familles comprenant, par pièce supplémentaire un nombre de personnes supérieur de deux au minimum ci-dessus.

Sont considérés comme personnes à charge, outre les enfants ou pupilles de moins de 21 ans, les ascendants vivant dans le même logement, âgés de plus de 65 ans ou bénéficiant de l'assistance aux vieillards, invalides ou incurables.

Le bénéfice des présentes dispositions est acquis par cela seul que la destination principale de l'immeuble est d'être affecté à des habitations à bon marché. Toutefois, les exonérations d'impôts accordées par l'article 60 ne s'appliqueront qu'aux parties de l'immeuble réellement occupées par les logements à bon marché.

Bénéficieront également des avantages de la loi les maisons individuelles dont la valeur locative ne dépasse pas de plus d'un cinquième le chiffre déterminé ci-dessus. Seront considérées comme dépendances de la maison pour l'application des présentes dispositions sauf en ce qui concerne l'exemption temporaire d'impôt foncier, les jardins d'une superficie de dix ares au plus, attenant ou non attenant aux constructions et possédés dans la même localité par les mêmes propriétaires.

Pour l'application des présentes dispositions, la valeur locative des logements sera déterminée par le prix du loyer porté dans les baux, augmenté, le cas échéant, du montant des charges autres que celles de salubrité (eaux, vidanges, etc.) et d'assurance contre l'incendie ou sur la vie. La valeur locative des maisons individuelles sera fixée à quatre pour cent du prix réel de revient de l'immeuble. Dans ce prix de revient, la valeur du terrain ne sera comprise que pour la portion afférente à la surface couverte ou entourée par la construction. Le prix des canalisations pour amenée d'eaux et pour évacuation des vidanges et eaux usées jusqu'à leur entrée dans la maison ne sera pas compris dans l'évaluation de son prix de revient. Il en sera de même du prix des appareils d'épuration, des vidanges et des eaux usées. Les propriétaires devront justifier de l'exactitude des bases d'évaluation par la production de tous documents utiles (contrats, devis, mémoires, etc.) A défaut de justification ou en cas de justifications insuffisantes, la valeur locative sera déterminée suivant les règles prévues par l'article 12, paragraphe 3, de la loi du 15 juillet 1880.

Les maisons destinées à l'habitation collective qui sont affectées à des locations meublées au mois, à la semaine ou à la journée ne bénéficient des avantages des présentes dispositions que si elles sont exploitées en location par des sociétés d'habitations à bon marché approuvées ou des offices publics d'habitations à bon marché et si les prix de location mensuelle, hebdomadaire ou quotidienne, y compris la jouissance des services généraux (cuisines, restaurants, salles de réunions, etc.) n'excèdent pas le douzième, le cinquante-deuxième ou le trois cent soixantième des valeurs locatives maxima respectivement spécifiées aux colonnes 2 et 2 bis, 3 et 3 bis du tableau ci-dessus suivant que le logement se compose de deux chambres ou d'une chambre. Ces prix doivent toujours rester affichés dans les locaux en location.

Art. 2. —*Le titre II de la loi du 5 décembre 1922 est modifié ainsi qu'il suit :*

TITRE II

Sociétés d'habitations à bon marché — Offices publics d'habitations à bon marché
Sociétés de Crédit Immobilier

DISPOSITIONS GÉNÉRALES

Art. 4. — *Il est interdit de donner, à l'avenir, le nom de « Société d'habitations à bon marché » à toute société non approuvée par le Ministre de l'Hygiène, de l'Assistance et de la Prévoyance sociales en conformité des dispositions de la présente loi. Les sociétés qui auraient ce titre antérieurement à la promulgation de la loi du 23 décembre 1912 devront spécifier dans leurs contrats, prospectus, affiches et tous autres documents, qu'elles ne sont point approuvées par le Ministre de l'Hygiène, de l'Assistance et de la Prévoyance sociales.*

Il est interdit, dans les mêmes conditions, de donner, à l'avenir, le nom de « Société de Crédit Immobilier » à toute Société non approuvée par le Ministre de l'Hygiène, de l'Assistance et de la Prévoyance sociales, en vertu des dispositions de la présente loi.

Remplacer les deux paragraphes ci-dessus, par le texte suivant :

ART. 4. — Il est interdit de conserver et de donner à l'avenir le nom de « Société d'habitations à bon marché » à toute Société non approuvée par le Ministre de l'Hygiène, de l'Assistance et de la Prévoyance sociales, en conformité des dispositions de la présente loi.

Il est interdit, dans les mêmes conditions, de conserver et de donner à l'avenir le nom de « Société de Crédit Immobilier » à toute Société non approuvée par le Ministre de l'Hygiène, de l'Assistance et de la Prévoyance sociales, en vertu des dispositions de la présente loi.

MOTIFS. — Il convient de supprimer définitivement une confusion que la loi veut éviter. La modification proposée a l'avantage de la clarté et de la précision. On pourrait craindre qu'il n'y ait des inconvénients à adopter un pareil texte en ce qui concerne les sociétés existantes, mais l'expérience a prouvé qu'il n'en était rien. Il y a, en effet, le précédent des banques populaires auxquelles on a appliqué un texte de même nature que celui qui est transcrit ci-dessus.

Il est interdit dans les mêmes conditions, aux particuliers et aux entreprises ou sociétés autres que les Sociétés d'habitations à bon marché; les Sociétés de Crédit Immobilier et les Offices publics d'habitations à bon marché institués ou approuvés en exécution de la législation sur les habitations à bon marché et la petite propriété, de faire usage, dans leurs contrats, prospectus, affiches et tous autres documents de toute appellation susceptible de faire naître une confusion avec les Sociétés et Offices publics sus visés.

Les contrevenants au présent article sont passibles d'une amende de 25 francs à 3.000 francs et d'un emprisonnement de un à trois mois.

Les tribunaux peuvent ordonner l'insertion et l'affichage des jugements et la suppression des appellations interdites, à peine d'une astreinte pour chaque jour de retard. L'article 463 du Code pénal et la loi du 26 mars 1891 sont applicables aux condamnations prononcées en vertu du présent article.

Aucun acquéreur de maison dans une cité-jardins ne pourra transformer la maison, ni en changer l'affectation sans l'autorisation préalable de l'Office, de la Société ou de la fondation d'habitations à bon marché qui lui a vendu la maison.

Les Offices publics, Sociétés ou fondations qui pratiquent avec le concours financier de l'Etat des opérations de prêt hypothécaire ou de location avec promesse de vente ou d'attribution, bénéficieront sur les maisons ou terrains faisant l'objet de ces opérations et pendant un délai de dix ans à compter de la libération de l'acquéreur, d'un droit de préemption moyennant le remboursement du prix de revient, des frais et loyaux coûts de la vente ou du prêt, des réparations nécessaires et de celles qui ont augmenté la valeur du fonds, jusqu'à concurrence de cette augmentation, fixée par expertise. Ce droit pourra être exercé sans limitation de durée par les Offices publics ou Sociétés créateurs de cités-jardins, pour les maisons et terrains compris dans la cité.

Dans le cas où l'Office, la Société ou la fondation ayant aliéné des maisons ou des jardins viendrait à disparaître, les droits de surveillance ou de préemption qui lui appartiendraient seront transférés à l'Office public communal ou à défaut, à l'Office public départemental. S'il n'y a pas dans le département d'Office public, la surveillance et le droit de préemption seront attribués à l'Office public le plus voisin du département limitrophe.

Ajouter :

Les Sociétés de Crédit Immobilier qui voudront bénéficier du droit de préemption mentionné ci-dessus, ne pourront le faire qu'au profit et par l'intermédiaire d'un Office public d'habitations à bon marché, communal ou départemental voisin du lieu de l'immeuble et à qui elles auront pour chaque cas délégué leurs droits, les Offices étant acceptants.

MOTIF. — Les Sociétés de Crédit Immobilier ne peuvent pas posséder. Elles ne peuvent pas racheter et conserver d'une façon durable. Un organisme doit donc exercer leur droit à leur place. Celui qui paraît le mieux désigné, c'est l'Office public qui doit cependant remplir deux conditions : l'une être voisin du lieu de l'immeuble, l'autre être acceptant à l'achat qui lui est proposé.

PREMIÈRE SECTION. — Sociétés d'habitations à bon marché.

ART. 5. — *Les Sociétés ne seront admises au bénéfice des présentes dispositions qu'autant que leurs statuts, approuvés par le Ministre de l'Hygiène, de l'Assistance et de la Prévoyance sociales, sur les avis du Comité de patronage et du Conseil supérieur institué par l'article 80, limiteront leurs dividendes annuels à un chiffre maximum. Toutefois, ces avis ne seront pas nécesaires lorsque les statuts seront conformes aux statuts types arrêtés par le Ministre de l'Hygiène, de l'Assistance et de la Prévoyance sociales après avis du Comité permanent du Conseil supérieur.*

L'approbation pourra être retirée dans la même forme, s'il est établi après enquête, que les Sociétés font des opérations de construction ou de crédit sur des maisons qui ne répondent pas aux conditions prévues par les présentes dispositions.

Les Sociétés existant au moment de la promulgation de la loi du 12 avril 1906 jouiront, au même titre que celles qui se sont fondées après la promulgation de la loi, des faveurs et immunités qu'elle concède, à la condition de modifier leurs statuts, le cas échéant, conformément à ces prescriptions.

Le présent article est applicable aux Sociétés de bains-douches, aux Sociétés de jardins ouvriers et aux Sociétés fonctionnant pour l'acquisition de champs et jardins dans les conditions prévues par l'article 46.

ART. 6. — *Lors de l'expiration d'une Société d'habitations à bon marché approuvée par le Ministre de l'Hygiène, de l'Assistance et de la Prévoyance sociales, ou en cas de dissolution anticipée, l'assemblée générale appelée à statuer sur la liquidation ne pourra après payement du passif et remboursement du capital versé, attribuer la portion d'actif qui excéderait le montant des réserves établies au 31 décembre 1911 et la moitié du capital social versé qu'à une ou plusieurs autres sociétés régies par les présentes dispositions, sous réserve de l'approbation du Ministre de l'Hygiène, de l'Assistance et de la Prévoyance sociales, après avis du Conseil supérieur des habitations à bon marché.*

Les actes constatant l'attribution d'actif net faite à une ou plusieurs Sociétés similaires par une Société d'habitations à bon marché, en vertu du paragraphe précédent, ne donneront lieu, lors de l'enregistrement, qu'à la perception d'un droit fixe de 6 francs, quelle que soit la nature des biens compris dans l'actif net attribué. La formalité de la transcription à la conservation des hypothèques sera opérée, s'il y a lieu, moyennant le droit fixe d'un franc.

ART. 7. — *Par dérogation aux dispositions de l'article 49 de la loi du 24 juillet 1867 sur les Sociétés, le capital social des Sociétés coopératives d'habitations à bon marché pourra être porté par les statuts constitutifs à 1.500.000 francs et chacune des augmentations de capital effectuée d'année en année pourra atteindre la même somme.*

2ᵐᵉ SECTION. — Offices publics d'habitations à bon marché.

I. — INSTITUTION

ART. 8. — *Il pourra être institué des Offices publics d'habitations à bon marché qui auront pour objet l'aménagement, la construction, la gestion et la vente d'immeubles salubres régis par les présentes dispositions, ainsi que l'assainissement de maisons ou de logements existants, la création de cités-jardins ou de jardins ouvriers et l'acquisition de terrains pour les lotir et les revendre en vue de faciliter l'accession à la petite propriété des travailleurs et des personnes peu fortunées.*

Ces immeubles peuvent comprendre des locaux à usages communs, tels que buanderies, bains-douches, garderie d'enfants, terrains de jeux, etc.

Il peut y être annexé des boutiques à destination commerciale pourvu qu'il n'y soit pas vendu de boissons alcooliques.

ART. 9. — *Les Offices publics d'habitations à bon marché constituent des établissements publics.*

Ils sont créés par décrets sur la proposition du Ministre de l'Hygiène, de l'Assistance et de la Prévoyance sociales à la demande soit d'un Conseil municipal, soit des Conseils municipaux de communes ayant à cet effet, constitué un Syndicat en conformité du titre VIII de la loi du 5 avril 1884, soit d'un Conseil général, soit de deux ou plusieurs Conseils généraux après entente dans les conditions prévues par le titre VII de la loi du 10 août 1871 et après avis du Ministre de l'Intérieur et du Comité permanent du Conseil supérieur des habitations à bon marché.

II. — ADMINISTRATION

ART. 10. — *Les Offices sont gérés par un Conseil d'administration composé de dix-huit membres, savoir :*

Six membres nommés par le préfet parmi les personnes particulièrement compétentes en matière d'hygiène, d'extension des villes ou de construction et de gestion d'habitations populaires ;

Six membres désignés, suivant les cas, soit par le Conseil municipal, soit par le Comité du Syndicat des communes, soit par le Conseil général ;

Six membres élus par les institutions ci-après, existant dans la circonscription de l'Office ;

Un membre, par les Comités de patronage des habitations à bon marché et de la Prévoyance sociale ;

Un membre, par les Sociétés approuvées des habitations à bon marché ;

Un membre, par les bureaux des Sociétés et Unions de Sociétés de secours mutuels ;

Un membre, par le Conseil départemental d'hygiène ;

Un membre, par les Conseils des directeurs des Caisses d'Epargne ;

Un membre, par les Unions de Syndicats ouvriers.

A défaut d'institutions des catégories sus désignées, ou faute par elles de procéder aux élections ,et dans ce dernier cas, après une mise en demeure du préfet non suivie d'effet dans la quinzaine, il est pourvu directement à ces vacances par le Conseil d'administration de l'Office.

Ainsi constitué, le Conseil d'administration peut s'adjoindre deux locataires des immeubles qu'il gère.

Les femmes peuvent faire partie du Conseil d'administration.

Le mandat de tous les administrateurs est gratuit.

Le Conseil d'administration nomme son président et son bureau.

ART. 11. — *Les dispositions des articles 4 et 5 de la loi du 21 mai 1873, modifiés par la loi du 5 août 1879, et concernant la durée du mandat, le renouvellement et la révocation des membres des commissions administratives des bureaux de bienfaisance et des hospices, ainsi que la dissolution de ces commissions administratives, sont applicables aux Conseils d'administration des Offices publics d'habitations à bon marché et à leurs membres.*

Toutefois les attributions conférées par l'article 5 de la loi du 21 mai 1873 au Ministre de l'Intérieur sont, en ce qui concerne les Offices publics d'habitations à bon marché, exercées par lui, après avis du Ministre de l'Hygiène, de l'Assistance et de la Prévoyance sociales.

Remplacer ce paragraphe par le suivant :

Toutefois les attributions conférées par l'article 5 de la loi du 21 mars 1873, au Ministre de l'Intérieur, sont, en ce qui concerne les Offices publics d'habitations à bon marché, exercées par le Ministre de l'Hygiène, de l'Assistance et de la Prévoyance sociales.

Motif. — Toute complication inutile est nuisible. Le Ministre de l'Hygiène est mieux à même que le Ministre de l'Intérieur de savoir s'il convient ou non de révoquer des administrateurs puisqu'il est leur chef légal et qu'il a pu suivre tous leurs travaux. L'intervention du Ministre de l'Intérieur ne se comprend pas.

Art. 12. — *Le Conseil d'administration règle par ses délibérations les affaires de l'Office. Toutefois, ne sont exécutoires qu'après avoir été approuvées par l'autorité supérieure les délibérations portant sur les objets suivants :*
    1° Les aliénations et échanges d'immeubles ;
    2° Les acquisitions d'immeubles, ainsi que les projets, plans et devis de construction ;
    3° Les budgets ;
    4° Les emprunts ;
    5° Les aliénations et échanges de titres de valeurs mobilières.

Ajouter. — **Les délibérations se rapportant aux nos 1, 2 et 5 sont exécutoires par elles-mêmes lorsque le montant des opérations qu'elles concernent ne dépasse pas la somme de 20.000 francs.**

Motif. — C'est une question de simplification dans la gestion lorsqu'il s'agit de questions sans importance et qui se présentent fréquemment, surtout maintenant que se constitue le patrimoine des Offices.

Art. 13. — *Les délibérations énoncées à l'article précédent sous les numéros 1, 2, 3 et 5 sont exécutoires sur l'approbation du préfet. Les aliénations, échanges et acquisitions d'immeubles et les projets, plans et devis de construction sont soumis, préalablement à l'approbation préfectorale, à l'avis soit du Conseil municipal, soit du Comité du Syndicat des communes, soit de la commission départementale, soit des commisions départementales ou des commissions spéciales nommées en exécution de l'article 90 de la loi du 10 août 1871.*

Les délibérations concernant les emprunts sont exécutoires, en vertu d'un arrêté du préfet, après avis dans les mêmes formes, cependant, si la somme à emprunter dépasse 5 millions de francs, ou si, réunie au chiffre des autres emprunts non encore remboursés, elle dépasse 5 millions de francs, l'emprunt ne peut être autorisé que par un décret du Président de la République, pris sur le rapport du Ministre de l'Intérieur après avis du Ministre de l'Hygiène, de l'Assistance et de la Prévoyance sociales.

Paragraphe à remplacer par le suivant :

Les délibérations concernant les emprunts sont exécutoires en vertu d'un arrêté du Préfet après avis dans les mêmes formes ; cependant, si la somme à emprunter dépasse 5 millions de francs ou, si, atteignant au moins un million de francs et réunie au montant non encore remboursé des autres emprunts, elle dépasse 10 millions de francs, l'emprunt ne peut être autorisé que par un décret du Président de la République, pris sur le rapport du Ministre de l'Intérieur, après avis du Ministre de l'Hygiène, de l'Assistance et de la Prévoyance sociales.

Motif. — Il s'agit de simplifier les formalités pour des opérations de faible importance, vu la valeur réduite de l'argent et le coût des opérations immobilières.

Les attributions conférées aux commissions départementales seront exercées dans le département de la Seine par une commission spéciale élue chaque année par le Conseil général à la fin de la session au cours de laquelle il est appelé à voter le budget départemental.

Art. 14. — *A défaut d'un administrateur-délégué à cet effet par le Conseil d'administration, le président administre les finances de l'Office et ordonnance toutes les dépenses.*

Art. 15. — *Les recettes et les dépenses de l'Office s'effectuent par un comptable chargé seul et sous sa responsabilité de poursuivre la rentrée de tous les revenus de l'Office et de toutes les sommes qui lui seraient dûes, ainsi que d'acquitter les dépenses ordonnancées, jusqu'à concurrence des crédits régulièrement accordés.*

Le mode de recouvrement par états exécutoires prévu pour les communes par l'article 154 de la loi du 5 avril 1884, et pour les établissements hospitaliers par l'article 13 de la loi du 7 août 1851, est étendu aux recettes des Offices publics d'habitations à bon marché.

Paragraphe à modifier ainsi qu'il suit :

Les Offices auront la faculté, pour leurs recettes, d'utiliser le mode de recouvrement par états exécutoires prévus pour les communes par l'article 154, de la loi du 5 avril 1884 et pour les établissements hospitaliers par l'article 13 de la loi du 7 août 1851.

Motif. — L'état exécutoire obligatoire est trop brutal et ne permet pas une administration assez douce lorsqu'il s'agit d'infortunes réelles et passagères.

Les états dressés par l'administrateur délégué de l'Office et, à son défaut, par le président, sur la proposition du Conseil d'administration sont rendus exécutoires par le préfet ou le sous-préfet et les poursuites exercées selon les règles suivies en matière de contributions directes conformément aux dispositions de l'article 24 de la loi du 18 juillet 1911.

Art. 16. — *Les receveurs des Offices publics d'habitations à bon marché sont nommés par le préfet sur une liste de trois personnes présentée par le Conseil d'administration.*

Ils sont tenus de fournir un cautionnement dont le montant est déterminé d'après les règles fixées par l'article 42 de la loi du 26 décembre 1908, relatif aux cautionnements des receveurs spéciaux.

Les receveurs sont suspendus par le préfet et révoqués par le Ministre de l'Intérieur.

Paragraphe à remplacer par le suivant :

Les receveurs sont suspendus par le Préfet, après avis du Conseil d'administration de l'Office, et révoqués par le Ministre de l'Hygiène, de l'Assistance et de la Prévoyance sociales, le Conseil d'administration de l'Office ayant été appelé à donner son avis sur les motifs de la révocation.

Motif. — Mettre dans une direction unique le fonctionnement des Offices publics. Les laisser sous la seule autorité du Ministre qui contrôle leur gestion et suit toutes leurs opérations. Permettre en outre aux Conseils d'administration qui ont suivi les opérations des receveurs et des affaires des Offices de donner leur avis sur des décisions qui sont de première importance pour eux.

Les dispositions des articles 157 et 159 de la loi du 5 avril 1884, concernant l'apurement des comptes de gestion des receveurs municipaux et les délais dans lequels les dits comptes doivent être présentés sont applicables aux comptes de gestion des receveurs des Offices publics d'habitations à bon marché.

Art. 17. — *Les loyers des immeubles gérés par les Offices ne doivent pas être inférieurs de plus des deux cinquièmes aux maxima de valeurs locatives fixés par l'article 2 ou de plus de moitié quand les locaux sont loués à des familles de trois enfants ou pupilles de la Nation âgés de moins de 21 ans.*

III. — PATRIMOINE

Art. 18. — *Le patrimoine des Offices est formé notamment à l'aide :*
De la dotation mobilière et immobilière que les Conseils municipaux intéressés ou les

Conseils généraux leur constituent et qui ne saurait être inférieure à 100.000 francs susceptibles d'être versés en cinq annuités au plus.
De dons et legs.

TROISIÈME SECTION. — Sociétés de Crédit Immobilier

Art. 19. — *Les Sociétés de Crédit Immobilier ont pour objet :*

1° De consentir aux emprunteurs remplissant les conditions prévues par la présente loi des prêts hypothécaires individuels destinés soit à l'acquisition des champs ou jardins dans les termes indiqués à l'article 46, soit à l'acquisition ou à la construction de maisons individuelles à bon marché ou de logements remplissant les conditions prévues à l'article 2.

2° De faire des avances aux Sociétés d'habitations à bon marché, constituées selon la présente loi, pour celles de leurs opérations effectuées en conformité du paragraphe précédent.

3° De consentir, dans les conditions prévues par la présente loi, aux personnes visées à l'article 51 ci-après ainsi qu'aux personnes qui ont été énumérées dans l'article premier de la loi du 9 avril 1918, des prêts individuels hypothécaires pour leur faciliter l'acquisition, l'aménagement, la transformation et la reconstitution des petites exploitations rurales dont la valeur n'excède pas 40.000 francs, quelle qu'en soit la surface.

Art. 20. — *Lors de l'expiration d'une Société de Crédit Immobilier ou en cas de dissolution anticipée, l'assemblée générale appelée à statuer sur la liquidation ne pourra, après payement du passif et remboursement du capital versé, attribuer la portion d'actif qui excéderait la moitié de la quotité du capital social versé qu'à une ou plusieurs autres Sociétés de Crédit Immobilier régies par la présente loi, sous réserve de l'approbation du Ministre de l'Hygiène, de l'Assistance et de la Prévoyance sociales, après avis du Conseil supérieur des habitations à bon marché.*

Les dispositions de l'alinéa précédent ne sont applicables qu'aux Sociétés ayant obtenu des prêts postérieurement à la promulgation de la loi du 26 février 1912.

Les dispositions du deuxième paragraphe de l'article 5 du présent titre sont applicables aux Sociétés de Crédit Immobilier.

Art. 21. — *Sont étendus aux Sociétés de Crédit Immobilier tous les privilèges accordés aux Sociétés de Crédit Foncier pour la sûreté et le recouvrement des prêts par le décret du 28 février 1852 et la loi du 10 juin 1853.*

La dispense de renouvellement décennal des inscriptions hypothécaires, prévue à l'article 34 de la loi du 5 août 1920 en faveur des caisses de crédit mutuel agricole, est étendue à tous les prêts consentis par les Sociétés de Crédit Immobilier par application des dispositions du présent titre.

Article à rédiger ainsi qu'il suit :

Sont étendus aux Sociétés de Crédit Immobilier tous les privilèges, notamment la dispense de renouvellement décennal des inscriptions hypothécaires, accordés aux Sociétés de Crédit Foncier pour la sûreté et le recouvrement des prêts, par le décret du 28 février 1852 et la loi du 10 juin 1853.

Motif. — Cet article a été formé en deux fois et les deux paragraphes n'ont été réunis que dernièrement. Leur rédaction se ressent de cette origine. Le nouveau texte proposé dit exactement la même chose que l'ancien, mais il est plus bref et plus simple, donc préférable.

Art. 3. — *L'article 22 de la loi du 5 décembre 1922 est modifié ainsi qu'il suit :*
Des prêts peuvent être consentis par l'État aux Offices publics, aux Sociétés et aux fondations d'habitations à bon marché en vue de l'acquisition, de la construction, de l'aménage-

ment ou l'assainissement de maisons ou de logements à bon marché, ou de l'acquisition de petites propriétés dans les conditions prévues par les présentes dispositions.

Ils seront effectués au taux de 2 %, si les fonds sont employés à faciliter l'acquisition, la construction, l'aménagement ou l'assainissement de maisons individuelles ou de logements à bon marché, ou l'acquisition de petites propriétés dans les termes de la présente loi. Ils seront effectués au taux de 2,50 % si les fonds sont employés à l'acquisition, à la construction, à l'aménagement, ou à l'assainissement de maisons ou de logements à bon marché ou bien à l'acquisition de petites propriétés destinées à la location simple.

Dans la première phrase de ce paragraphe, lire :

Ils seront effectués aux taux de 2 % si les fonds sont employés à faciliter l'acquisition, la construction, l'aménagement ou l'assainissement de maisons individuelles ou de logements à bon marché ou l'acquisition de petites propriétés ou de terrains à lotir dans les termes de la présente loi.

Motif. — Si l'on ne permet pas d'emprunter pour que les organismes d'habitations à bon marché acquièrent et mettent en valeur les terrains à lotir, il est inutile de leur conseiller d'apporter leur activité dans ce sens, car comment pourraient-ils faire quelque chose d'utile sans argent ?

Le montant des prêts ne pourra dépasser 60 % du prix de revient ou d'acquisition des immeubles. Toutefois, cette proportion pourra être portée à 75 % lorsque le remboursement des prêts sera garanti par un département ou une commune dans les conditions prévues par les présentes dispositions.

Le montant cumulé des prêts consentis par application des présentes dispositions, et des subventions accordées en vertu de l'article 59 ne pourra dépasser 85 % du prix de revient ou d'acquisition des immeubles.

La durée de remboursement des prêts ne pourra excéder quarante ans.

Les prêts seront subordonnés à l'inscription d'une hypothèque de premier rang, à moins que le payement des annuités ne soit garanti par la commune ou le département.

Le présent article est applicable aux sociétés de bains-douches, aux sociétés de jardins ouvriers et aux sociétés fonctionnant pour l'acquisition de champs et jardins dans les conditions prévues par l'article 46.

Pour toutes les opérations comportant l'acquisition d'une maison individuelle à bon marché ou d'une petite propriété, l'emprunteur devra contracter une assurance temporaire auprès de la Caisse Nationale, en vue de garantir le remboursement du prêt qu'il aura obtenu.

Lorsque l'emprunteur n'aura pas été admis à contracter l'assurance, celle-ci pourra être souscrite par son conjoint ou par un tiers s'ils s'engagent solidairement au remboursement du prêt, et elle garantira, en cas de décès de ce conjoint ou de ce tiers, le payement des annuités restant à échoir à cette époque.

Modifier ce paragraphe de la manière suivante :

Au cas où le conjoint ne pourrait ou ne voudrait s'engager solidairement et où l'emprunteur ne serait pas admis à contracter l'assurance, le prêt pourrait être quand même consenti, mais l'emprunteur devrait faire un apport des deux cinquièmes et demi au lieu de un cinquième.

Motifs. — L'assurance du conjoint solidaire paraît une faveur accordée par la loi, en fait, elle conduit le plus souvent aux conséquences les plus pénibles. L'assurance a été prévue pour protéger la famille contre les conséquences de la disparition de son chef. A ce moment les revenus étant grandement diminués, la loi a voulu supprimer la charge des annuités de l'emprunt tout en laissant à la famille de l'emprunteur le bénéfice de l'acte de prévoyance accompli par son auteur. Mais si le chef de famille, le père, est de santé débile et pour cela refusé par l'assurance, l'intervention du conjoint a pour but de reporter sur la tête de la femme la charge des annuités augmentées de l'assurance-vie qui ne la protège nullement puisque l'assurance ne jouera que lorsque la mère disparaîtra. C'est alourdir tellement son fardeau, à la mort du père, que bien souvent en voulant trop de prévoyance, la loi a écrasé sa protégée.

Il faut donc dans un cas semblable, laisser la faculté de ne pas assurer la mère, si elle ne le veut pas, mais alors, le risque étant plus grand, il convient de réduire l'importance du prêt, ce qui ,avec la suppression de l'assurance, diminuera grandement les annuités et les rendra plus facilement supportables.

Cette assurance sera contractée au moyen d'une prime unique dont le montant pourra être incorporé au prêt, sans entrer en ligne de compte au point de vue des limitations édictées aux paragraphes 3 et 4 du présent article.

Art. 3 bis. — Le premier paragraphe de l'article 23 de la loi du 5 décembre 1923 est modifié ainsi qu'il suit :

Le montant des avances consenties en vertu tant de l'article 3 de la loi du 24 octobre 1919 que de l'article 22 des présentes dispositions, est fixé au total de sept cent millions de francs (700.000.000).

MOTIFS. — Le crédit actuel est de 500 millions (art. 2 de la loi du 6 décembre 1923). Il va être épuisé incessamment. Ainsi qu'on l'a vu par l'ensemble du rapport, avant d'avoir pu organiser une politique d'ensemble de l'habitation populaire, il faut éviter l'arrêt des opérations des organismes qui puisent leurs ressources à cet article de la loi. Il est nécessaire, pour permettre le fonctionnement, pendant l'année 1925 des affaires préparées, de fournir 200 millions supplémentaires au crédit antérieur. Il ne s'agit d'ailleurs pas d'une charge de ce chiffre pour le budget puisque celui-ci ne supporte que le jeu des différences d'intérêt (environ 7 millions par an).

Art. 4. — *L'article 24 de la loi du 5 décembre 1922 est modifié ainsi qu'il suit :*

Les prêts seront effectués pour le compte de l'Etat par la Caisse des Dépôts et Consignations sur la désignation de la commission spéciale instituée auprès du Ministre de l'Hygiène, de l'Assistance et de la Prévoyance sociales.

Cette commission est nommée par décret, sur la proposition du Ministre de l'Hygiène, pour une durée de cinq ans, elle est composée ainsi qu'il suit :

Le Ministre de l'Hygiène, de l'Assistance et de la Prévoyance sociales, président ;

Deux sénateurs ;

Deux députés ;

Un membre du Conseil d'Etat ;

Un membre de la Cour des comptes ;

Deux fonctionnaires du Ministère des Finances ;

Le Directeur général de la Caisse des Dépôts et Consignations ou son délégué ;

Le Directeur de la Mutualité et de la Prévoyance sociales ou son délégué ;

Le Chef de la division des Habitations à bon marché et de l'Epargne ou son délégué ;

Le Directeur de l'Hydraulique et des améliorations agricoles ou son délégué ;

Un représentant des Offices publics d'Habitations à bon marché ;

Un représentant des Sociétés d'Habitations à bon marché ;

Deux membres du Conseil supérieur des Habitations à bon marché ;

Un membre du Conseil supérieur des Sociétés de secours mutuels.

Le décret désigne le vice-président de la Commission, ainsi qu'un chef ou sous-chef de bureau du Ministère de l'Hygiène, de l'Assistance et de la Prévoyance sociales qui remplit les fonctions de secrétaire.

Remplacer cet article par la rédaction suivante :

L'article 24 de la loi du 5 décembre 1922 est modifié ainsi qu'il suit :

Les prêts sont effectués pour le compte de l'Etat par la Caisse des Dépôts et Consigna-

tions sur la décision du Ministre de l'Hygiène, de l'Assistance et de la Prévoyance sociales, après les mêmes avis que pour les subventions prévues à l'article 59 ci-après.

Lorsqu'il y aura lieu à subvention, la décision du Ministre portera à la fois sur le montant de la subvention et du prêt, la réalisation de ce dernier étant subordonnée à la justification de la garantie départementale ou communale, s'il y a lieu.

Cet article ne s'appliquera qu'aux nouveaux dossiers qui n'auraient encore obtenu, lors du vote de la loi, ni subvention, ni prêt, les affaires en cours se continuant en vertu des dispositions antérieures.

MOTIFS. — Avec le fonctionnement actuel, la subvention étant donnée d'abord, le prêt ensuite mais après qu'on aura obtenu le vote des centimes de garantie communale ou départementale, centimes qui sont approuvés le plus souvent par décret, on perd environ un an en formalités et attente. En outre, les diverses commissions ne sont pas toujours d'accord, l'une accordant une subvention, l'autre par exemple soulevant des difficultés pour accorder le prêt et demandant des modifications aux projets, c'est-à-dire obligeant à tout recommencer. Pour éviter de pareilles lenteurs, il faut un organisme unique qui après avoir étudié les dossiers accorde tout à la fois la subvention quand il y a lieu et le prêt complémentaire. Quand il n'y aurait pas lieu à subvention, il serait seulement attribué le prêt. Mais dans un cas comme dans l'autre et quand devront intervenir une garantie départementale ou communale, les fonds ne deviendraient disponibles — bien entendu sous réserve des justifications d'emploi — que lorsque les délibérations régulièrement approuvées seraient intervenues. C'est la seule méthode sage pour mettre de l'ordre et de la rapidité dans une organisation que l'on a compliquée à plaisir.

Art. 5. — *Le second alinéa de l'article 26 de la loi du 5 décembre 1922 est modifié ainsi qu'il suit :*

Le dividende annuel à servir aux actionnaires ne devra pas dépasser six pour cent (6 %).

Art. 6. — *L'article 27 de la loi du 5 décembre 1922 est modifié ainsi qu'il suit :*

Les sommes restant dues par une Société de crédit immobilier ne pourront dépasser la somme calculée comme il suit :

1° La moitié du capital restant à appeler ;

2° Le montant des rentes ou valeurs garanties par l'État appartenant à la Société et déposées à la Caisse des Dépôts et Consignations ;

3° Les créances sur première hypothèque, jusqu'à concurrence des six dixièmes (6/10) au plus du prix d'achat ou de revient des immeubles affectés à la garantie.

Remplacer le 3° par le texte suivant :

Les créances sur première hypothèque, jusqu'à concurrence de soixante centièmes (60/100ᵉ) du prix d'achat ou de revient des immeubles affectés à leur garantie et jusqu'à concurrence de soixante-sept centièmes et demi (67,50/100) ou de soixante-dix centièmes (70/100), lorsque les propriétaires de ces immeubles auront bénéficié de la réduction d'apport prévue au dernier alinéa de l'article 45.

MOTIFS. — Pour que la réduction envisagée à l'article 45 en faveur de certaines catégories d'emprunteurs n'ait pas pour conséquence de diminuer la faculté d'emprunt des Sociétés de crédit immobilier, il est indispensable que l'État soit admis à consentir à celles-ci un supplément d'avances correspondant à la portion non apportée par ces catégories d'emprunteurs.

4° La réserve mathématique des polices d'assurances sur la vie pour lesquelles la Société a fait l'avance des primes.

Toutefois, les créances hypothécaires pourront être comprises dans l'évaluation de la somme susvisée pour sept dixièmes et demi du prix de revient des immeubles hypothéqués, lorsque le remboursement des prêts sera garanti par le département ou une commune sous les conditions prévues par la présente loi.

Remplacer le paragraphe précédent par le texte suivant :

Les créances hypothécaires pourront, en outre, être comprises dans l'évaluation de la somme sus-visée : pour un dixième supplémentaire du prix de revient des immeubles hypothéqués si la commune ou le département garantit le paiement des annuits correspondant à l'avance complémentaire d'un dixième que la Société aura ainsi reçue de l'Etat ; ou pour un dixième et demi supplémentaire du prix de revient des immeubles hypothéqués, lorsque le remboursement de la somme correspondant à l'avance complémentaire de ce dixième et demi sera garanti par le département ou par la commune dans les mêmes conditions que celles prévues pour les Offices publics et les Sociétés d'habitations à bon marché.

Motifs. — Il est équitable que l'élargissement du pouvoir d'emprunt accordé aux Sociétés de crédit immobilier qui justifieront de la garantie communale ou départementale dans les mêmes conditions que les Offices publics et les Sociétés d'Habitations à bon marché n'exclue pas, pour les autres Sociétés de crédit immobilier, la possibilité d'obtenir l'augmentation de leur faculté d'emprunt dans les conditions actuellement prévues lorsque les départements ou les communes garantissent le paiement des annuités correspondant à l'avance complémentaire d'un dixième.

Pendant toute la durée du remboursement des prêts à 2 % les Sociétés ne pourront consentir valablement de cessions de créances hypothécaires sans l'autorisation de la commission d'attribution visée à l'article suivant.

Art. 6 *bis.* — Le paragraphe premier de l'article 28 de la loi du 5 décembre 1922 est ainsi modifié :

Le total des avances consenties par l'Etat, tant en vertu de l'article 2 de la loi du 10 avril 1908 que de l'article 26 du présent titre, est fixé à cinq cents millions de francs (500.000.000).

Motifs. — Ce crédit était de 200 millions sur la loi du 5 décembre 1922. Il a dû être porté d'urgence à 350 millions par l'article 1 de la loi du 6 décembre 1923. Ce crédit est actuellement à peu près épuisé, de sorte que si, d'urgence, on ne met pas au moins 150 millions à la disposition des Sociétés de crédit immobilier pour leur permettre leur fonctionnement pendant l'année 1925, et avant la réorganisation financière de la politique des habitations à bon marché, les Sociétés de crédit immobilier seront obligées d'arrêter prochainement leurs opérations.

Comme nous l'avons dit pour l'article 3 *bis*, il ne s'agit ici que de différences d'intérêt, par conséquent d'une charge très faible pour le budget.

Art. 7. — *L'article 31 de la loi du 5 décembre 1922 est ainsi modifié :*

Les sommes restant dues par une Société coopérative d'habitations à bon marché ne pourront dépasser :

1° Le montant des rentes ou valeurs garanties par l'Etat appartenant à la Société et déposées à la Caisse des Dépôts et Consignations ;

2° La réserve mathématique des polices d'assurances sur la vie pour lesquelles la Société a fait l'avance des primes ;

3° Les 75 % du prix d'achat ou de revient des immeubles dont la valeur se trouve représentée pour un cinquième au moins par la délibération d'actions souscrites par des actionnaires remplissant les conditions prévues par l'article 45. Les dits immeubles doivent faire l'objet d'affectations hypothécaires au profit de la commune ou du département qui a donné sa garantie.

En ce qui concerne les prêts que les Sociétés auraient consentis à des actionnaires visés par l'alinéa précédent, la proportion de 75 % s'applique aux créances hypothécaires de la Société, dans les termes du paragraphe 3° et de l'avant-dernier alinéa de l'article 27.

Art. 8. — *L'article 34 de la loi du 5 décembre 1922 est ainsi modifié :*
Les Communes, Offices publics, Sociétés ou fondations d'Habitations à bon marché, Sociétés de crédit immobilier et tous autres établissements bénéficiaires de prêts à taux réduit ou subventions de l'Etat sont soumis au contrôle du Ministre de l'Hygiène, de l'Assistance et de la Prévoyance sociales et du Ministre des Finances jusqu'à complet remboursement des prêts ou emploi des subventions.

Art. 9. — *Le paragraphe 3 de l'article 35 de la loi du 5 décembre 1922 est ainsi modifié :*

Les Communes et les Départements peuvent employer leurs ressources en prêts, en obligations, ou, dans les conditions ci-dessus spécifiées, en actions des sociétés susvisées, sous réserve : 1° que les maisons ou logements ne puissent être aliénés au-dessous du prix de revient, ni loués à des prix inférieurs de plus de deux cinquièmes aux maxima de valeurs locatives spécifiés par l'article 2 ci-dessus ou de plus de moitié pour les locaux de quatre pièces au moins attribués dans les conditions prévues à l'article 2, paragraphe 2 ; 2° que ces emplois de fonds soient préalablement approuvés par décision du Ministre de l'Hygiène, de l'Assistance et de la Prévoyance sociales, après avis du Comité permanent du Conseil supérieur des Habitations à bon marché, aux délibérations duquel participera, pour ces affaires le Directeur de l'administration départementale et communale au Ministère de l'Intérieur.

Art. 10. — *L'article 45 de la loi du 5 décembre 1922 est ainsi modifié :*

Chacun des emprunteurs visés à l'article 19 doit remplir les conditions suivantes :

1° Posséder, au moment de la conclusion du prêt hypothécaire, le cinquième au moins du prix du terrain, de la maison ou du logement ;

2° Passer avec la Caisse Nationale d'assurance, en cas de décès, un contrat à prime unique garantissant le payement des annuités qui resteraient à échoir au moment de sa mort, le montant de cette prime pouvant être incorporé au prêt hypothécaire.

Lorsque l'emprunteur n'aura pas été admis à contracter l'assurance, celle-ci pourra être souscrite par son conjoint ou par un tiers, s'ils s'engagent solidairement au remboursement du prêt, et elle garantira, en cas décès de ce conjoint ou de ce tiers, le payement des annuités restant à échoir à cette époque.

Ajouter :

Au cas où le conjoint ne pourrait ou ne voudrait s'engager solidairement et où l'emprunteur ne serait pas admis à contracter l'assurance, le prêt pourrait être quand même consenti, mais l'emprunteur devrait faire un apport de deux cinquièmes et demi au lieu de un cinquième.

Motifs. — Les mêmes que ceux qui justifient la même modification à l'article 3 ci-dessus.

3° Etre muni d'un certificat administratif délivré par le Contrôleur des contributions directes et constatant qu'il a été satisfait aux conditions imposées, soit par l'article 46 s'il s'agit de l'acquisition d'un champ ou jardin, soit par l'article 2 s'il s'agit de l'acquisition ou de la construction d'une maison individuelle, dans ce dernier cas, l'emprunteur doit produire avant la conclusion du prêt, le certificat de salubrité prévu à l'article 3 ou bien un certificat provisoire de salubrité délivré par un délégué du Comité de patronage. Ce délégué est désigné par lui, dans chaque canton de sa circonscription, autant que possible au mois de décembre de chaque année, pour l'année suivante, soit parmi ses membres, soit parmi les architectes ou ingénieurs au service du département ou des communes. Le bénéfice des disposi-

tions de la présente loi demeure, en ce cas, subordonné à l'obtention ultérieure du certificat de salubrité spécifié par l'article 3.

Par dérogation au 1° du présent article, l'apport du cinquième est réduit à un apport d'un huitième pour les pensionnés de la loi du 31 mars 1919 ayant un taux d'invalidité inférieur à 50 % et pour les chefs de famille ayant trois personnes à charge, conformément aux dispositions de l'article 2 et à un apport du dixième pour les pensionnés de la loi du 31 mars 1919 ayant un taux d'invalidité égal ou supérieur à 50 % et pour les chefs de famille ayant plus de trois personnes à charge, conformément aux dispositions de l'article 2. Les bénéficiaires de la présente disposition devront, en tout cas, faire un apport d'au moins 3.000 francs.

Art. 11. — *L'article 46 de la loi du 5 décembre 1922 est modifié ainsi qu'il suit :*

Les Sociétés de crédit immobilier peuvent consentir des prêts en vue de l'acquisition de jardins ou champs n'excédant pas un hectare, pourvu :

1° Que le logement de l'acquéreur remplisse, au moment de l'acquisition, les conditions prévues par l'article ci-dessus ;

2° Que le prix d'acquisition, y compris les charges, ne dépasse pas le quart du prix de revient de ce logement ;

3° Que l'acquéreur s'engage, vis-à-vis de la Société qui lui aura consenti un prêt hypothécaire dans les conditions indiquées à l'article 19 de la présente loi, à cultiver lui-même ce terrain ou à le faire cultiver par des membres de sa famille.

Si l'acquéreur est déjà, au moment de l'acquisition, propriétaire d'un terrain bâti ou non bâti, la contenance et la valeur de ce terrain viennent en déduction des chiffres fixés aux paragraphes précédents.

Tous les avantages prévus par les maisons à bon marché, sauf l'exemption temporaire d'impôt foncier, s'appliquent aux jardins ou champs visés au présent article.

Art. 12. — *L'article 50 de la loi du 5 décembre 1922 est ainsi modifié :*

Lorsqu'à une maison individuelle à bon marché sont annexés, à titre de dépendances servant à une petite exploitation agricole, soit une étable, soit une grange, soit tout autre bâtiment de même nature, les Sociétés de crédit immobilier sont autorisées à faire des prêts hypothécaires en sus des maxima fixés par l'article 45, à concurrence des quatre cinquièmes du prix de revient ou de la valeur de ces dépendances.

Ces prêts ne peuvent excéder, non compris le montant des frais et de la prime unique d'assurance, la somme de cinq mille francs.

Des prêts peuvent être effectués, dans les mêmes conditions pour les petits ateliers annexés aux maisons individuelles ou logements à bon marché.

Modifier ainsi le paragraphe ci-dessus :

Des prêts peuvent être effectués, dans les mêmes conditions pour les petits ateliers ou petites boutiques, annexés aux maisons individuelles ou logements à bon marché.

Motifs. — Le petit commerce est aussi honorable que la petite industrie. On ne voit pas pourquoi on prêterait seulement des fonds pour la création des petits ateliers et pas des petites boutiques.

Art. 13. — *L'article 52 de la loi du 5 décembre 1922 est ainsi conçu :*

En tout cas, les prêts consentis tant en vertu de l'article 19 (1°) que des deux articles ci-dessus ne peuvent dépasser, non compris le montant des frais et de la prime d'assurance : 1° les quatre cinquièmes du prix maximum de revient de la maison individuelle, supputé comme il est prévu à l'article 2, et déduit, au taux de quatre pour cent (4 %) de la valeur locative maxima spécifiée au dit article pour la maison et la commune envisagées ; 2° la somme de 5.000 francs prévue à l'article 50 ci-dessus pour les bâtiments d'exploitation agricole ou pour les ateliers ; 3° s'il y a des jardins, de dix ares au plus, considérés comme dé-

pendances légales de la maison, en exécution de l'article 2 précité, un quart du prix maximum de revient de la maison ou les 4/5 de la valeur d'achat des jardins.

Au 2° dire : La somme de 5.000 francs prévue à l'article 50 ci-dessus pour les bâtiments d'exploitation agricole ou pour les ateliers et boutiques.

MOTIFS. — Mêmes raisons que celles de l'article 12 ci-dessus.

Art. 14. — *L'article 54 de la loi du 5 décembre 1922 est ainsi modifié :*

Les Communes peuvent être autorisées, par décrets en Conseil d'Etat, rendus sur la proposition des Ministres de l'Intérieur et de l'Hygiène, de l'Assistance et de la Prévoyance sociales, à construire des habitations à bon marché collectives, comprenant des logements pour familles nombreuses.

Les dits logements jusqu'à concurrence des deux tiers de l'ensemble des logements, devront comporter au moins quatre pièces de plus de 9 mètres superficiels et être affectés à des familles remplissant les conditions prévues au paragraphe 2 de l'article 2.

Art. 15. — *Les deux premiers alinéas de l'article 57 de la loi du 5 décembre 1922 sont modifiés ainsi qu'il suit :*

Les communes peuvent consentir des subventions spéciales aux Offices, aux Sociétés d'habitations à bon marché, aux Bureaux de bienfaisance et d'assistance, aux Hospices et Hôpitaux, ainsi qu'aux Caisses d'épargne qui construisent ou acquièrent des immeubles comprenant des logements affectés à des familles composées, au moment de l'entrée en jouissance, de trois enfants ou pupilles de la nation âgés de moins de 21 ans.

Ces logements doivent remplir les conditions prévues à la colonne 1 ou 1 bis ou 2 ou 2 bis, du tableau de l'article 2 de la loi du 5 décembre 1922, et représenter au moins les deux tiers du montant des valeurs locatives de l'ensemble des logements de chaque immeuble.

Art. 16. — *L'article 59 de la loi du 5 décembre 1922 est modifié ainsi qu'il suit :*

Dans la limite des crédits qui seront ouverts à cet effet, il pourra être accordé par l'Etat des subventions aux Communes, aux Offices publics d'habitations à bon marché, aux Sociétés d'habitations à bon marché, aux fondations d'habitations à bon marché, aux Bureaux de bienfaisance et d'assistance, aux Hospices et Hôpitaux et aux Caisses d'épargne, qui construiront des maisons à bon marché destinées à être louées à des familles comprenant trois enfants ou pupilles de la nation âgés de moins de 21 ans.

Les logements devront répondre aux conditions prévues à la colonne 1 ou 1 bis ou 2 ou 2 bis, du tableau de l'article 2 de la loi du 5 décembre 1922, et être affectés à des familles nombreuses, jusqu'à concurrence des deux tiers du montant des valeurs locatives de l'ensemble des logements.

Ces subventions ne pourront excéder le tiers du prix de revient de l'immeuble.

Les loyers ne devront pas être inférieurs de plus de moitié aux maxima de valeurs locatives fixés par l'article 2.

Sur les crédits visés au premier alinéa du présent article il pourra être accordé aux constructeurs, locataires-acquéreurs ou locataires-attributaires de maisons individuelles à bon marché, sur avis favorable du Comité de patronage des Habitations à bon marché et de la Prévoyance sociale et du Comité permanent du Conseil supérieur des Habitations à bon marché, des subventions destinées à faciliter la construction de ces maisons, à la condition toutefois qu'elles soient affectées au logement de familles comprenant 3 enfants âgés de moins de 21 ans ou pupilles de la nation dans les termes de la loi du 27 juillet 1917.

Le remboursement de ces subventions deviendra obligatoire si, avant l'expiration de la quinzième année suivant l'achèvement de la construction, les maisons individuelles sont aliénées par les constructeurs, locataires-acquéreurs, locataires-attributaires ou leurs ayants droit et si elles ne sont pas affectées au logement de familles remplissant, au moment de l'entrée en jouissance, les conditions prévues à l'alinéa précédent. Les nouveaux propriétaires seront tenus de ce remboursement solidairement avec les bénéficiaires des subventions.

Les logements devront répondre aux conditions prévues à la colonne 1 ou 1 bis, ou 2 ou 2 bis du tableau de l'article 2 de la loi du 5 décembre 1922.

Ces subventions ne pourront excéder le tiers du prix de revient des maisons.

Elles ne pourront être mandatées au profit des bénéficiaires que sur justification de l'achèvement des travaux.

Les Communes, Offices publics d'Habitations à bon marché, fondations d'habitations à bon marché, Bureaux de bienfaisance et d'assistance, Hospices, Hôpitaux et Caisses d'épargne pourront, sur les mêmes crédits, obtenir des subventions n'excédant pas le tiers du prix de revient des maisons destinées à être cédées à des familles de trois enfants ou pupilles de la nation âgés de moins de 21 ans, sous réserve, en cas d'aliénation, de l'application des dispositions de l'article 4.

En cas de vente par les constructeurs des maisons édifiées à l'aide de subventions de l'Etat, les fonds provenant de la vente et représentant le montant de cette subvention devront être employés à nouveau, dans un délai d'un an, à la construction d'habitations à bon marché, conformément aux dispositions du premier alinéa du présent article.

Les logements devront répondre aux conditions prévues à la colonne 1 ou 1 bis, ou 2 ou 2 bis du tableau de l'article 2 de la présente loi et être affectés à des familles nombreuses jusqu'à concurrence des deux tiers du montant des valeurs locatives de l'ensemble des logements et dans les conditions prévues au second alinéa de l'article 54.

Les projets devant bénéficier de ce remploi devront avoir les mêmes approbations que les projets ayant primitivement bénéficié de la subvention. Lorsque cette condition ne sera pas remplie dans un délai d'un an, le montant de la subvention devra être reversé au Trésor.

Art. 17. — *L'article 60 de la loi du 5 décembre 1922 est complété par les dispositions suivantes :*

L'exemption temporaire d'impôt foncier dont bénéficient les immeubles visés au premier alinéa du présent article est portée à dix-huit ans, à compter de l'année qui suivra celle de leur achèvement, pour les constructions nouvelles, reconstructions et additions de construction commencées et non terminées au 31 mars 1922, ainsi que pour celles entreprises postérieurement à cette date, pourvu qu'elles soient achevées, avant le 31 décembre 1927. Sont toutefois exclues du bénéfice de ces dispositions les immeubles ou portions d'immeubles construits par les sinistrés de la guerre ou leurs ayants-droit et ayant donné lieu à l'attribution de l'indemnité prévue par le premier alinéa de l'article 4 de la loi du 17 avril 1919, relative à la réparation des dommages de guerre.

Modifier la première phrase de la manière suivante :

L'exemption temporaire d'impôt foncier, dont bénéficieront les immeubles visés au premier alinéa du présent article, sera de dix ans supérieure à celle qui est attribuée aux immeubles ordinaires

Motifs. — Les habitations à bon marché ont toujours bénéficié d'une prime de dix ans d'exonération d'impôts sur le droit commun. Il est donc demandé ici de conserver ce qui était acquis. En outre, la formule proposée est préférable à toute autre, car au cas où pour des raisons d'opportunité, on aurait à modifier le droit commun, aujourd'hui fixé à quinze ans, il n'y aurait aucun changement à apporter à la loi des habitations à bon marché qui se moulerait toujours sur les dispositions concernant les immeubles ordinaires.

L'exemption visée à l'alinéa précédent est étendue, en ce qui concerne les mêmes immeubles ou portions d'immeubles, à la contribution des portes et fenêtres, ainsi qu'aux taxes spéciales perçues au profit des départements et des communes.

L'enregistrement des marchés de travaux relatifs à la construction des immeubles par les Offices publics ou les Sociétés d'habitations à bon marché, ne donnera lieu qu'à la perception d'un droit fixe de 6 francs.

Les travaux exécutés pour le compte des Offices publics d'habitations à bon marché, ne donneront pas lieu à la perception de la patente spéciale d'entrepreneurs de travaux publics.

Art. 18. — *Le deuxième paragraphe de l'article 61 de la loi du 5 décembre 1922 est ainsi modifié :*

Toutefois, lorsque le prix aura été stipulé payable par annuités, la perception de ce droit pourra, sur la demande des parties, être effectuée en plusieurs fractions égales, sans que le nombre de ces fractions puisse excéder celui des annuités prévues au contrat, ni être supérieur à dix. Il sera justifié par un certificat du maire de la commune de la situation que l'immeuble a été reconnu exempt de l'impôt foncier, par application des articles 2, 3 et 60, ou que, tout au moins, une demande d'exemption a été formée dans les conditions prévues par ces articles. Ce certificat sera délivré sans frais, en double original, dont l'un sera annexé au contrat de vente et l'autre déposé au bureau de l'enregistrement, lors de l'accomplissement de la formalité.

Art. 19. — *L'article 85 de la loi du 5 décembre 1922 est complété ainsi qu'il suit :*

10° Les règles spéciales de comptabilité applicables aux Offices publics d'habitations à bon marché, ces derniers règlements sont contresignés par les Ministres de l'Hygiène et des Finances.

Il est proposé de supprimer ce 10°.

Motifs. — Il s'agit ici d'un formalisme inutile.

Les opérations des Offices, déjà extrêmement importantes, n'ont jamais donné lieu à des observations ou critiques. Les règles qu'ils ont adoptées en commun et auxquelles ils se soumettent sont donc entièrement satisfaisantes.

TABLE DES MATIÈRES